Manfred Grohe | Wolfgang Alber

Faszination Bodensee

International | In der Mitte Europas | Luftbilder poetisch und geheimnisvoll

Oertel+Spörer

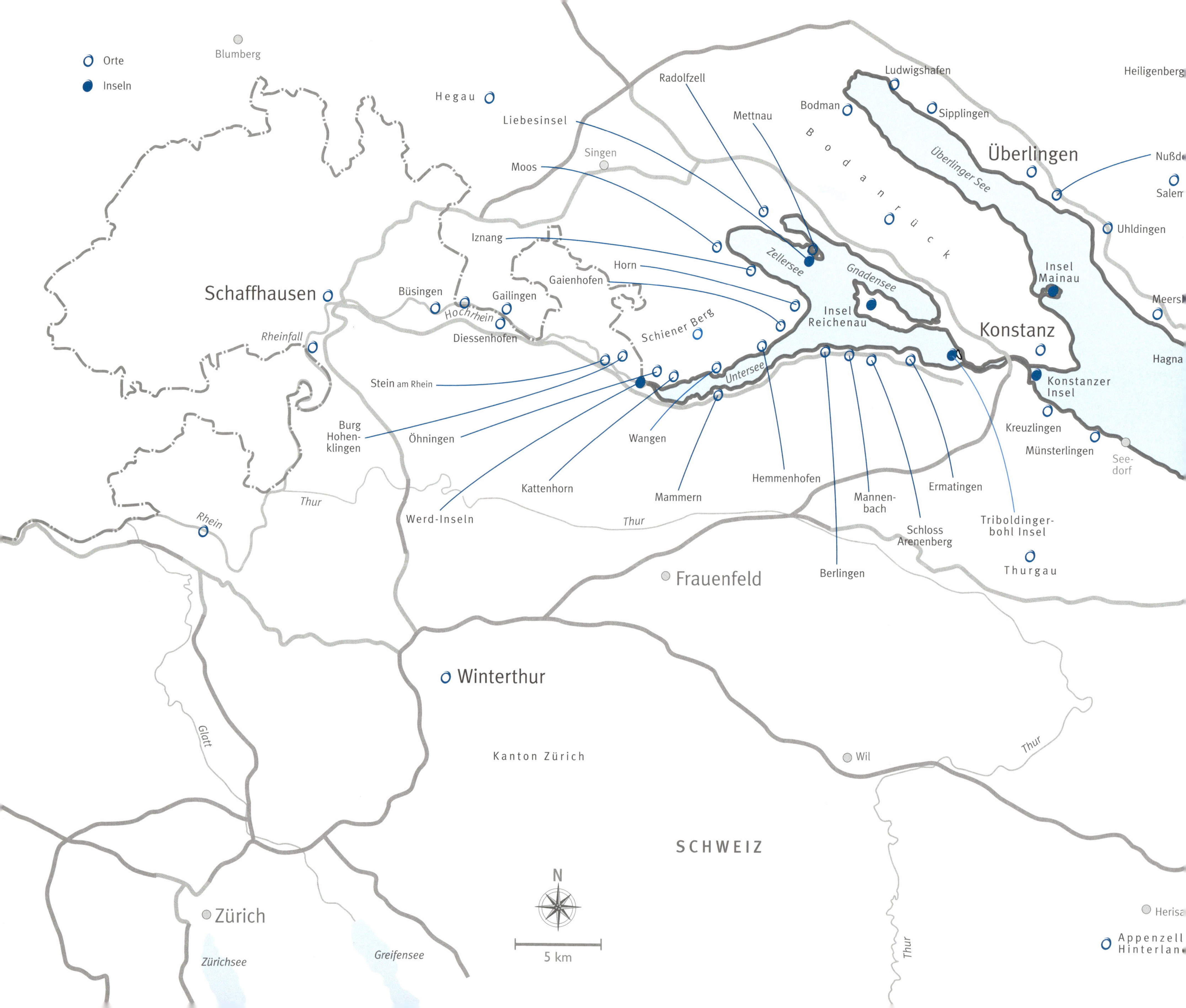
Orte
Inseln
Blumberg
Hegau
Liebesinsel
Radolfzell
Ludwigshafen
Bodman
Sipplingen
Mettnau
Singen
Moos
Bodanrück
Überlinger See
Überlingen
Uhldingen
Iznang
Zellersee
Horn
Gnadensee
Insel Mainau
Gaienhofen
Schaffhausen
Büsingen
Gailingen
Hochrhein
Insel Reichenau
Konstanz
Schiener Berg
Diessenhofen
Rheinfall
Stein am Rhein
Untersee
Konstanzer Insel
Burg Hohen-klingen
Öhningen
Wangen
Kreuzlingen
Münsterlingen
See-dorf
Hemmenhofen
Mammern
Kattenhorn
Mannen-bach
Ermatingen
Thur
Werd-Inseln
Schloss Arenenberg
Triboldinger-bohl Insel
Rhein
Thurgau
Frauenfeld
Berlingen
Winterthur
Glatt
Kanton Zürich
Wil
SCHWEIZ
N
5 km
Zürich
Zürichsee
Greifensee

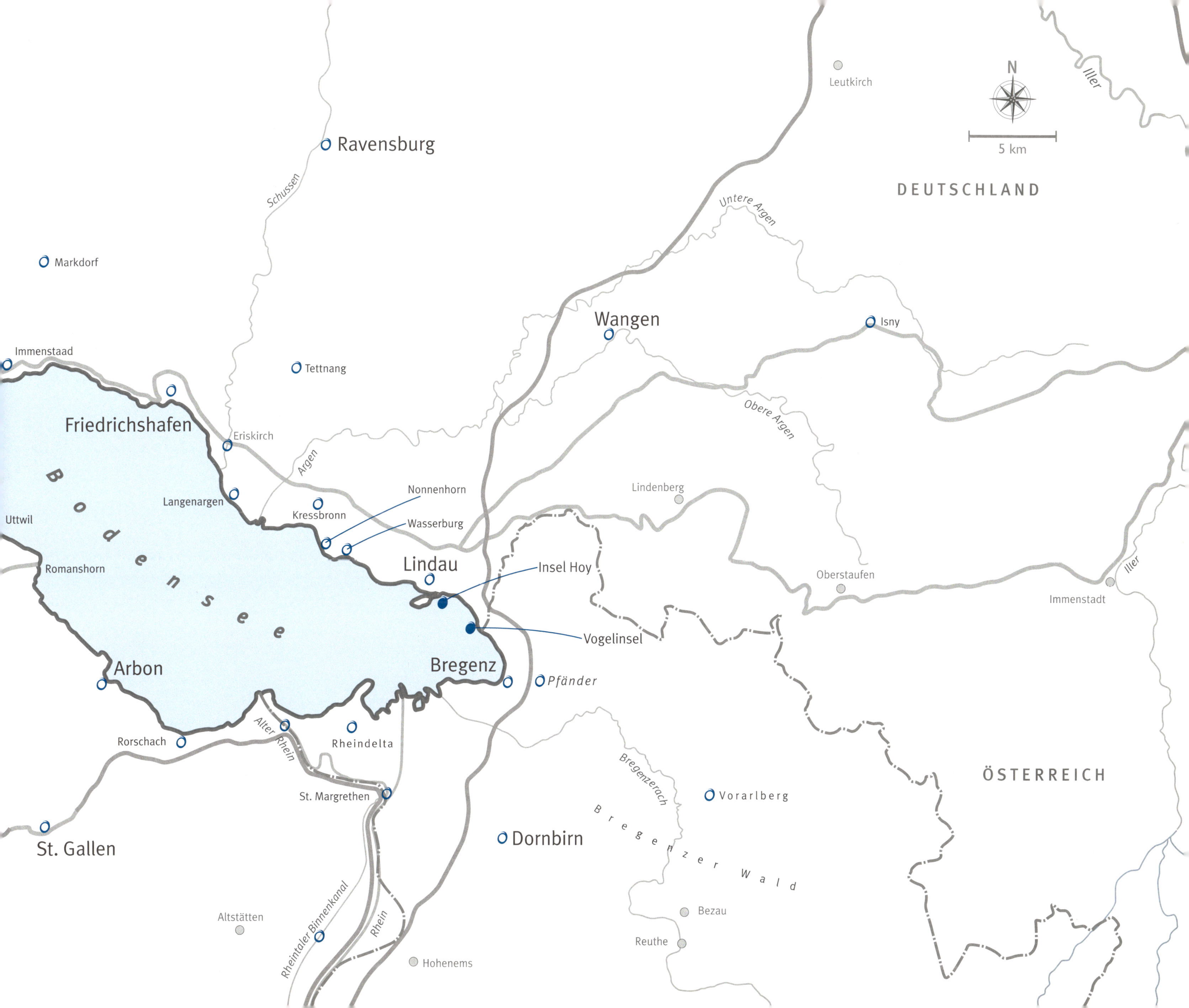
N
5 km
DEUTSCHLAND
ÖSTERREICH
Leutkirch
Iller
Ravensburg
Schussen
Untere Argen
Markdorf
Wangen
Isny
Immenstaad
Tettnang
Friedrichshafen
Eriskirch
Obere Argen
Argen
Bodensee
Langenargen
Kressbronn
Nonnenhorn
Lindenberg
Uttwil
Wasserburg
Lindau
Insel Hoy
Romanshorn
Oberstaufen
Iller
Immenstadt
Vogelinsel
Arbon
Bregenz
Pfänder
Rorschach
Alter Rhein
Rheindelta
St. Margrethen
Bregenzerach
Vorarlberg
St. Gallen
Dornbirn
Bregenzer Wald
Bezau
Altstätten
Reuthe
Rheintaler Binnenkanal
Rhein
Hohenems

Inhaltsverzeichnis

Index

Morgenstimmung am See mit einem überwältigenden Panorama, das von der Mettnau, Höri und dem Schweizer Ufer bis zur Alpenkette reicht.

Einleitung

Die Seelandschaft

Der Bodensee ist mit 536 Quadratkilometern Mitteleuropas drittgrößter Binnensee. Die vom Alpenrhein durchflossene Gewässerlandschaft setzt sich aus Obersee, Untersee und Seerhein zusammen, die sich weiter gliedern lässt in Überlinger See, Rhein-, Gnaden- und Zellersee. Die Gestalt des Beckens wurde durch eiszeitliche Gletscher und Erosion modelliert und bis zu 250 Meter tief ausgeschürft. Auch kleinere Flüsse wie Alter Rhein, Bregenzer und Dornbirner Ach, Argen, Schussen oder Radolfzeller Aach liefern Wasser zu, am Obersee strömt der Seerhein, am Untersee der Hochrhein ab. Neben den großen Inseln Lindau, Mainau und Reichenau gibt es auch weniger bekannte Eilande wie die Dominikanerinsel oder Liebesinsel im See. Namensgeber des Bodensees ist der Ort Bodman am Nordwestende des Sees, im Ausland firmiert Konstanz als Pate für Lake Constance, Lac de Constance, Lago di Constanza. Über 2 000 Stunden im Jahr scheint hier die Sonne, das Klima ist mild. Aber im Herbst und Winter peitscht schon mal der Wind die Wellen, ziehen Nebel auf. Jahraus, jahrein aber beziehen fünf Millionen Menschen Trinkwasser aus dem Reservoir des Sees.

Das Delta mit Rheinkanal und Ach bei Bregenz im Obersee, links liegt die Insel Lindau.

Die Seelenlandschaft

Der See ist ein Mythos: Schwäbisches Meer, Fischerin vom Bodensee, Zeppelin, Weiße Flotte, Garten Eden mit Obstplantagen und Weinbergen. Und natürlich das Jahrhundertereignis der „Seegfrörne", wenn die gefrorene Eisdecke Menschen und mehr trägt. In Gustav Schwabs Ballade „Der Reiter und der Bodensee" stockt dem Mann auf dem Pferd beim sprichwörtlich gewordenen Ritt über den See am andern Ufer, tödlich das Herz. Höchst lebhaft dagegen konnte das Naturereignis zuletzt im Februar 1963 mit einer Eisprozession von Hagnau nach Münsterlingen gefeiert werden. Selbst Autoaufkleber mit der Silhouette des Sees künden allerorten von der Seelen- und Sehnsuchtslandschaft. Denn der See ist eine glitzernde Verheißung: Schwelgerische Fülle des Paradiesgartens, Brandung der Ferne mit dem Meer vor der Haustür. Und über dem Wasser öffnet sich das Panorama der schneegekrönten Alpen, der lichte Horizont gibt eine Vorahnung des Südens. Schon der Benediktinerabt Walahfrid Strabo schwärmte im 9. Jahrhundert von der „Insula felix", der glücksel'gen Insel. Und die mit dem Bodensee vertraute Dichterin Annette Droste-Hülshoff riet Mitte des 19. Jahrhunderts, man solle „in der Gegend umhergaloppiren, um die schöne Landschaft recht mit Löffeln einzunehmen".

Der Überlinger See aus großer Höhe mit Bodman (rechts) und Ludwigshafen (links) im Vordergrund.

Eine Wiege der Zivilisation

Wie alle Gewässer zog der Bodensee früh Siedler an, Kelten, Römer, Alemannen. Vom 6./7. Jahrhundert an prägte das Christentum den Landstrich, der Bodensee wurde zur Wiege des Glaubens und gelehrten Mönchstums. Die Klöster bildeten kulturelle Zentren, in denen Malerei und Buchkunst, Theologie und Dichtung, Musik und Mathematik blühten. Bereits Anfang des 7. Jahrhunderts baute der Eremit Gallus in den Schweizer Voralpen eine Klause, aus der hundert Jahre später die gewaltige Fürstabtei erwuchs. Der Wandermönch Pirmin gründete um 724 auf der Insel Reichenau das Kloster Mittelzell nach den Regeln des Benedikt von Nursia, inzwischen zählen alle drei Kirchen auf der Insel zum Weltkulturerbe. Und das Territorium des von 585–1821 bestehenden Bistums Konstanz übertraf die Fläche Baden-Württembergs oder der Schweiz. Mit dem Konstanzer Konzil rückte der Bodensee 1414–1418 in den Mittelpunkt der damals bekannten Welt. Jan Hus wurde als Ketzer verbrannt, aber sein Scheiterhaufen symbolisiert eine zivilisatorische Zeitenwende, die das enge Weltbild sprengte: Wie Phönix aus der Asche erhob sich der Humanismus, in der Renaissance wurde der Mensch zum Maß der Dinge – und der Bodensee zu einem Ausgangspunkt des Aufbruchs in die Neuzeit.

Die Schlangenbrut und anderes Getier flieht vor dem Heiligen: Das im Münster St. Maria und Markus in Mittelzell hängende, um 1624 entstandene Gemälde zeigt Pirmin bei seiner Ankunft 724 auf der Insel Reichenau.

Grenzgebiet und europäische Drehscheibe

Das Dreiländereck mit den Anrainern Baden-Württemberg und Bayern in Deutschland, Vorarlberg in Österreich und Thurgau in der Schweiz, ist ein Grenzraum, der aber über Schlagbäume und Zollstationen hinweg einen gemeinsamen Kulturraum und bei aller Vielfalt eine Einheit bildet. Der See ist ein frühes Modell staatenübergreifender Zusammenarbeit inmitten Europas, im Handel wie beim Wissenstransfer, in der Fischerei wie bei der Schifffahrt, im Tourismus wie in der Politik. Aber die Gegend war auch ein Transitland, und für jüdische Flüchtlinge in der NS-Zeit lebensrettender Übergang in die Schweiz. Heute zeugen die Internationale Bodenseekonferenz, der Bodenseerat, die Bodenseestiftung oder das EU-Interreg-Förderprogramm von Kooperationen auf vielerlei Ebenen. Die Anliegerstaaten stimmen sich bei Trinkwasserentnahme, Natur-, Umwelt- und Wasserschutz, Seenotfällen oder Kriminalermittlungen ab. Selbst ARD-Tatorte machen vor Ländergrenzen nicht halt. Und deshalb gibt es auf die unter Juristen umstrittene Frage, welche Teile des Bodensees denn wem gehören, unabhängig von Grenzverläufen, nur eine Antwort: allen gemeinsam.

Über Lindau schweift der Blick zum Rheindelta und auf den Säntis.

Hort der Kultur und Bildung

Der Bodensee war immer offen für kulturelle Einflüsse. Das gilt für Baumeister und Baustile der Historie wie für Architekten und Gebäude der Neuzeit. Auch die Bildungslandschaft war stets international eingebunden, früher waren es die Klöster, nun besitzen die Universitäten St. Gallen und Konstanz herausragende Reputation. Verlage, Zeitschriften, Autorenvereinigungen, Musik- und Kunstveranstaltungen scheren sich nicht um nationale Grenzen, die Kunst ist frei und universell – gerade am See. Das Bregenzer Festival findet Resonanz jenseits Vorarlbergs, der Bodensee-Literaturpreis ehrt Autorinnen und Autoren aus der gesamten Region. Schriftsteller wie Hermann Hesse und Maler wie Otto Dix fanden hier ein Domizil und entfalteten ihr Schaffen. Die Höri war der Bohèmewinkel der klassischen Moderne, die Häuser von Dix und Hesse geben Einblicke in Krisen und Kreativität. Eduard Mörike besang in der „Idylle vom Bodensee“ ein Arkadien, Martin Walser, der vielfache Literaturpreisträger von Nußdorf, schwelgt im Heimatlob: „Der See ist ein Freund. Der Himmel glänzt vor Gunst.“ Damit die Szene nicht heimattümlich erstarrt, sorgt der Bodmaner Bildhauer Peter Lenk mit bissig-hyperrealistischen Skulpturen für belebende Skandale. Aber zur Kultur gehört auch die Erinnerung: An den im Bauernkrieg niedergemetzelten „Seehaufen“, die in Friedrichshafen als Viehhirten nach Oberschwaben verkauften „Schwabenkinder“ aus Tirol, Vorarlberg und der Schweiz, das jüdische Leben am See, den Goldbacher Stollen bei Überlingen, in dem Nazis Zwangsarbeiter zur Kriegswaffenproduktion einsetzten.

Gesamtansicht des Sees vom Pfänder aus gesehen mit Bregenz, Bregenzer Ach und Rheinkanal (links) sowie Lindau (rechts).

Naturraum und Industrieregion

Kleinkammerigkeit und Biodiversität machen den Bodensee zu einem Raum mit fragilem ökologischem Gleichgewicht. Der Kreislauf beginnt mit der Wasserzone und dem paradoxerweise durch zu wenig Nährstoffeintrag gefährdeten Fischbestand der Felchen und Saiblinge und rundet sich an Land mit dem Erhalt ufernaher Naturschutzgebiete. Der See ist Rast- und Futterplatz für Zugvögel wie Störche und Mauersegler, Kiebitze und Alpenstrandläufer überwintern zu Hunderttausenden. Brut- und Singvögel finden auf der Halbinsel Mettnau gesicherte Rückzugsgebiete, im See schwimmen Blässhühner und Haubentaucher, den Fischern Probleme machen gefräßige Graureiher und Kormorane. In Naturschutzgebieten wie dem Wollmatinger Ried, das seit 1973 Europareservat ist, finden sich seltene Pflanzen- und Tierarten. Immer aber gilt es, die Balance zu halten zwischen Naturlandschaft, Siedlungsbau und Wirtschaftsstandort. Längst geht es nicht mehr nur um Wein- und Obstbau, sondern ebenso um Hightech-Firmen. Der Verkehr mit Fähren, Straßen und Bahnlinien muss ebenso umweltverträglich in Einklang mit der Natur gebracht werden wie der prosperierende Tourismus mit Rad- und Wanderwegen oder der Wassersport. Und auch große Einrichtungen für Freizeit, Gesundheit und Rehabilitation gehören inzwischen ebenfalls zum Landschaftsbild.

Konstanz liegt zwischen dem Trichter und dem Seerhein, der am Wollmatinger Ried und Triboldingerbohl (links) vorbeifließt.

Unsere Reise über und um den See

Wir starten auf den Inseln Reichenau und Mainau. Von dort geht es nach Konstanz, der größten Stadt am See. Wir wechseln auf die größte Halbinsel, den Bodanrück, kommen mit Radolfzell und der Mettnau ans Nordwestufer. Es geht weiter nach Überlingen, Uhldingen und Meersburg, wo wir uns von badischem Gebiet nach Friedrichshafen auf württembergischen Boden begeben und mit Lindau Bayern erreichen. Wir überqueren die Grenze nach Österreich mit Bregenz, und am Rheindelta beginnt der Schweizer Uferteil. Über Rorschach, Romanshorn, Kreuzlingen und Steckborn gelangen wir an den Untersee mit dem Hochrhein und dem Rheinfall. Unsere Route endet schließlich im Herrgottswinkel der Höri. Dort zeigt die alljährliche Wasserprozession von Moos nach Radolfzell, dass der See das Leben der Menschen und ihre Werte bis heute bestimmt – ein aus der Tradition geborener, moderner Kulturraum.

Auf dieser Reise zeigen uns Manfred Grohes grandios komponierte Luftbilder den See in all seinen landschaftlichen und atmosphärischen Facetten, im stimmungsvollen Wechsel der Jahreszeiten und vor dem grandiosen Alpenpanorama. Sie geben neue Einblicke in eine vertraute Region und versetzen uns in magische Momente. Aber was wäre der Luftbildfotograf ohne seine Flugzeugpilot(inn)en, die seiner Perspektive eine Richtung geben, seine Objekte zielgenau ansteuern, im horizontalen Geradeausflug ebenso wie in der stürzenden Steilkurve. Fotograf und Pilot müssen ein eingespieltes Team sein, rasch aufeinander reagieren, Verständnis für die Sicht- und Denkweise des anderen haben. Diese Pilotinnen und Piloten haben zu unserem Buch beigetragen: Thomas Bock, Heiko Faiß, Erwin Gamerdinger, Astrid Kittler, Michael Löffler, Gerhard Plessing und Helmut Vogt.

Introduction

Morning mood by the lake with an outstanding panorama, reaching from Mettnau, the Höri and the Swiss shore through to the Alps.

The delta with the Rhine Canal and Ach near Bregenz in the Obersee. To the left is the island of Lindau.

The Landscape of the Lake

With an area of 536 square kilometres, Lake Constance is Central Europe's third-largest lake. The aquatic landscape through which the Alpine Rhine flows is made up of the Obersee, Untersee and Seerhein, which are further subdivided into the Überlinger See, Rheinsee, Gnadensee and Zellersee. The shape of the basin was formed by Ice Age glaciers and erosion and carved out to a depth of up to 250 metres. Smaller rivers, such as the Old Rhine, Bregenzer and Dornbirner Ach, Argen, Schussen or Radolfzeller Aach, also feed in water, whilst the Seerhein drains the Obersee and the Upper Rhine drains the Untersee. Besides the large islands of Lindau, Mainau and Reichenau, the lakes also possesses less well-known islands such as the Dominikanerinsel or the Liebesinsel. The German name Bodensee comes from the community of Bodman at the north-western end of the lake, whilst, in other countries, it is Konstanz which gives the lake its name: Lake Constance, Lac de Constance, Lago di Constanza. The sun shines for over 2,000 hours each year here and there is a mild climate. However, in the autumn and winter, the wind can whip up waves and create fog. Nonetheless, every year, five million people get their drinking water from the reservoir that is the lake.

The Landscape of the Soul

The lake is a legend: Swabian Sea, Fischerin vom Bodensee (Lake Constance Fisherwoman), Zeppelin, Weisse Flotte ferries, a Garden of Eden with orchards and vineyards. And, of course, there is the 'once in a century' event of the "Seegfrörne", when the frozen lake surface can support people and more. In Gustav Schwab's ballad "Der Reiter und der Bodensee" (The Rider and Lake Constance), the man on the horse literally dies of a heart attack when he actually rides across the lake to the other shore. Much more real was the last time the event happened, in February 1963, when there was an ice procession from Hagnau to Münsterlingen. Even car stickers with the silhouette of the lake can be seen all over the place, a testament to the landscape of the soul and desire. This is because the lake is a shining promise: The sumptuous plenty of the Garden of Eden, breaking waves from afar with the sea at your doorstep. And, above the water, the panorama of the snow-capped Alps can be seen and the horizon gives a premonition of the South. Even in the 9th century, the Benedictine monk Walahfrid Strabo enthused about the "insula felix", the lucky island. In addition, in the mid-19th century, the poetess Annette von Droste-Hülshoff, who knew Lake Constance very well, said that one "should gallop around the area, in order to eat up the beautiful landscape with a spoon".

The Überlinger See from a great height with Bodman (on the right) and Ludwigshafen (on the left) in the foreground.

Snakes and other animals flee from the saint: The painting, created around 1624 and hanging in the Münster St. Maria und Markus (Minster of St Mary & Mark) in Mittelzell, shows Pirmin arriving on the island of Reichenau in 724.

A Cradle of Civilisation

Like all lakes, Lake Constance drew in settlers early on: Celts, Romans, Alemannii. Christianity became a noticeable force in the region from the 6th/7th century and Lake Constance became a cradle of belief and monastic education. The monasteries formed cultural centres, in which painting, book art, theology and poetry, music and mathematics flourished. As early as the start of the 7th century, the hermit Gallus built a retreat in foothills of the Swiss Alps, from which a mighty princely abbey grew hundreds of years later. The itinerant monk Pirmin founded Mittelzell Monastery on Reichenau Island around 724 according to the rules of Benedict of Nursia. All three churches on the island are now World Heritage Sites. The territory of the Bishopric of Konstanz, which existed between 585 and 1821, was larger than the area of Baden-Württemberg or Switzerland. With the Council of Konstanz between 1414 and 1418, Lake Constance was in the spotlight of the then known world. Jan Hus was burned as a heretic, but his pyre symbolised a change in civilisation, which exploded the previously narrow view of the world: Humanism rose like a phoenix from the ashes, the Renaissance focussed on people themselves – and Lake Constance was the starting point for the entry into a new age.

Borderlands and European hub

The tri-border region, made up Baden-Württemberg and Bavaria in Germany, the Vorarlberg in Austria and Thurgau in Switzerland, is a border area, which forms a shared cultural area and a diverse unit, in spite of the barriers and customs' stations. The lake is an early model for international co-operation in the heart of Europe, in trade and knowledge transfer, in fishing and shipping, in tourism and in politics. However, the area was also a transit zone and, for the Jewish refugees of the National Socialist period, a live-saving crossing into Switzerland. Today, the Internationale Bodenseekonferenz (International Lake Constance Conference), Bodenseerat (Council of Lake Constance), the Lake Constance Foundation and the EU European Territorial Co-operation Programme (Interreg) offer co-operations on a wide range of levels. The countries surrounding the lake discuss the removal of drinking water, protection of nature, the environment and water, emergencies on the lake and criminal proceedings. Even the Tatort programmes on the German ARD channel don't stop at the border. And that is why the answer to the legally undecided question of which parts of Lake Constance belong to which country, irrespective of border lines, is: Everyone owns it.

Above Lindau, the view stretches to the Rhine Delta and the Säntis.

Complete view of the lake, seen from the Pfänder, with Bregenz, the Bregenzer Ach and Rhine Canal (on the left) and Lindau (on the right).

Place of Culture and Education

Lake Constance has always been open to cultural influences. This applies to both historical builders and building styles and to architects and buildings of more recent eras. The educational landscape was also always on an international footing: Once it was the monasteries, but now the Universities of St. Gallen and Konstanz enjoy an outstanding reputation. Publishing houses, magazines, authors' collectives, musical and art events do not bother with national borders, because art is free and universal – particularly by the Lake. The Bregenz Festival is famous far outside the Vorarlberg, the Bodensee-Literaturpreis (Lake Constance Literature Award) honours authors from the entire region. Authors like Hermann Hesse and painters like Otto Dix lived here and produced works. The Höri was a bohemian region of classical modernity, the houses of Dix and Hesse offer insights into crises and creativity. In the "Idyll of Lake Constance", Eduard Mörike spoke of an Arcadia, whilst Martin Walser, the Patron of Nussdorf, offers praise of his home: "Der See ist ein Freund. Der Himmel glänzt vor Gunst." (The lake is a friend. The sky shines with benevolence.) To ensure that the scene does not grow rigid with traditional forms, the Bodman sculptor Peter Lenk offers invigorating scandals through his biting, hyper-realistic sculptures. But remembrance is also a part of culture: Of the "Seehaufen" (lakeside crowd) cut down during the Peasant Wars, the Swabian children from Tyrol, Vorarlberg and Switzerland sold to Upper Swabia as shepherds in Friedrichshafen, of the Jewish community by the lake, of the Goldbacher Stollen mine near Überlingen, in which the National Socialists used forced labour for the production of weapons.

Natural environment and industrial region

Microenvironments and biodiversity make Lake Constance an area with a fragile ecological equilibrium. The cycle starts with the aquatic zone and the paradoxically underfed stocks of whitefish and char due to insufficient nutrients and finishes on land with the maintenance of nature reserves close to the banks. The lake is a resting and feeding location for billions of migratory birds, such as storks and swifts, whilst hundreds of thousands of lapwings and dunlins spend the winter here. Breeding and songbirds find safe retreats on the Mettnau peninsula, Eurasian coots and great crested grebes swim in the lake, whilst hungry grey herons and cormorants cause problems for fishermen. Nature reserves, such as the Wollmatinger Ried, which has enjoyed European protection since 1973, are home to rare species of plants and animals. However, the key is to maintain the balance between the natural landscape, construction and economic necessity. For a long time, the region has not only been about growing vines and fruit, but about hi-tech companies. Transport, with its ferries, roads and railways, must be kept in harmony with nature in an environmentally-friendly manner just as the prospering tourism sector with cycle and hiking paths, as well as watersports must. Large-scale facilities for leisure, health and rehabilitation are also now an established part of the landscape.

Konstanz is located between the funnel and the Seerhein, which passes by the Wollmatinger Ried and the Triboldingerbohl (on the left).

Our Journey On and Around the Lake

We begin on the islands of Reichenau and Mainau. From there, we travel to Konstanz, the largest city by the lake. We switch to the largest peninsula, the Bodanrück, travel through Radolfzell and Mettnau to the north-western shore. Then, we pass Überlingen, Uhldingen and Meersburg, where we leave the territory of Baden near Friedrichshafen and enter Württemberg, before reaching Lindau and Bavaria. We cross the border to Austria and Bregenz and then come to the Rhine Delta and the Swiss shores. Via Rorschach, Romanshorn, Kreuzlingen and Steckborn, we reach the Untersee with the Upper Rhine and the Rhine Falls. Our route finally ends in God's corner: The Höri. There, the annual water procession from Moos to Radolfzell shows that the lake determines the lives of the people and their values, even today – a modern cultural area, born from tradition.

On this journey, Manfred Grohe's beautiful aerial pictures present the lake in all of its landscape and atmospheric aspects, showing the changes between the seasons and set against a fine Alpine panorama. They give new insights into a well-known region and offer magic moments.
But what would an aerial photographer be without their pilots, who give their perspective a direction, approach their buildings directly, in a straight and level flight and also in a steep downward curve. The photographer and pilot must be a perfect team, react to each other rapidly, have an understanding for the views and thoughts of one another.

These pilots have contributed to our book: Thomas Bock, Heiko Faiss, Erwin Gamerdinger, Astrid Kittler, Michael Löffler, Gerhard Plessing and Helmut Vogt.

Die deutsche Uferseite

Die Insel Reichenau im Herzen des Untersees steht für die Blüte der Kirchenkultur und das Gedeihen der Agrikultur.

Die Reichenau – Weltkulturerbe

Die Reichenau im Untersee ist mit 440 Hektar die größte Insel und wurde bereits im Mittelalter als fruchtbare, reiche Aue gerühmt. Vom Festland aus führt dorthin eine Straße durchs Naturreservat Wollmatinger Ried und über den 1838 erbauten, von einer Pappelallee gesäumten Reichenauer Damm. Der Hochwart ist mit 439 Metern der höchste Punkt und liegt 43 Meter über den Seespiegel. Von hier aus bietet sich Radlern und Spaziergängern, die zwischen Reben und Gemüse unterwegs sind, ein famoser Rundblick. Ein Blick zugleich auf uraltes Kulturland: 724 gründete der heilige Pirmin das Kloster Reichenau. Damit begann die Blüte der drei romanischen Kirchen – die für ihre Fresken berühmte St. Georg in Oberzell, St. Maria und Markus in Mittelzell und St. Peter und Paul in Niederzell –, die bald zu einem Geisteszentrum des Mittelalters wurden. Seit dem Jahr 2000 zählt die Klosterinsel zum UNESCO-Weltkulturerbe. Dass die Reichenau eine grüne Insel mit reicher Vegetation ist, wusste bereits Abt Walahfrid Strabo, der um 840 mit seinem Lehrgedicht „Liber de cultura hortorum" („Buch über die Pflege der Gärten"), bekannt auch als „Hortulus", den ersten Gartenbau- und Heilkräuterratgeber schrieb und ein Mustergärtlein in Mittelzell anlegte. Dieser Kräutergarten wurde 1991 nach den Plänen Walahfrids neu gestaltet und ist für Besucher offen. Gartenbau im großen Stil ist heute das Markenzeichen der Reichenau, überwiegend Familienbetriebe erzeugen auf 80 Hektar Freiland- und 40 Hektar Gewächshausfläche jährlich 14 000 Tonnen Gemüse.

Vor der Insel Reichenau erstreckt sich das Wollmatinger Ried, mit 767 Hektar das größte Naturschutzgebiet am deutschen Bodenseeufer, vorgelagert das Vogelschutzgebiet Triboldingerbohl Insel mit 13,6 Hektar.

Durchs Wollmatinger Ried auf die Insel Reichenau führt ein 1838 erbauter Damm, der bei Hochwasser bisweilen überschwemmt ist.

Pappeln säumen die 1 300 Meter lange Allee auf dem begeh- und befahrbaren Reichenauer Damm, der Startpunkt der rund 2 900 Kilometer langen Deutschen Alleenstraße ist.

Blick über die Insel Reichenau auf die majestätische Alpenkette.

Im Gegenlicht deutlich zu erkennen sind die Gewächshäuser und Anbauflächen für Obst und Gemüse auf der Insel Reichenau.

Das Münster St. Maria und Markus in Reichenau-Mittelzell mit dem Jachthafen Herrenbrücke.

Die Säulenbasilika St. Peter und Paul im Ortsteil Niederzell am westlichen Ende der Insel Reichenau.

Die älteste Kirche der Reichenau, St. Georg in Oberzell, birgt in ihrer unterirdischen Krypta das Haupt des heiligen Georg und ist berühmt für die Wandmalereien aus dem 9./10. Jahrhundert.

Wie mit einer Nabelschnur verbunden liegt die Reichenau vor dem Wollmatinger Ried und Konstanz im Wasser.

Wenn bei der Mainau die Sonne hinter den Bergen versinkt.

Die Blumeninsel Mainau

1,3 Millionen Besucherinnen und Besucher lockt die 45 Hektar große Blumeninsel im Überlinger See alljährlich an. Der üppige Park und die gläsernen Gewächshäuser vermitteln tropische Gefühle: Im mediterranen Klima gedeihen Orangen und Zitronen, Orchideen, Azaleen, Rhododendron, Rosen, Tulpen, Dahlien und Narzissen. Wassertreppen und Grünterrassen, das Kinderland „Wasserwelt“, ein Arboretum mit 250 Gehölzarten, Häuser für Palmen und exotische Schmetterlinge, runden die üppige Pracht ab. Zum ganzjährigen Programm der Mainau gehören auch Konzerte, Lesungen, ein Nachhaltigkeitsparcours oder Gartentipps am „Grünen Telefon“. Das von Johann Caspar Bagnato 1739–1746 errichtete Barockschloss samt Kirche ist Erbe des Deutschritterordens, in dessen Besitz die Insel 1271–1806 war. In der Napoleonischen Zeit kam die später über einen Damm und eine Brücke mit dem Festland verbundene Mainau zum Großherzogtum Baden, 1932 erbte sie der schwedische Graf Lennart Bernadotte. Mit seiner Frau Gräfin Sonja gründete er 1974 eine Stiftung, unter deren Dach sich der Inselbetrieb zu einem erfolgreichen mittelständischen Unternehmen entwickelt hat. Heute steht die vierte Bernadotte-Generation an dessen Spitze.

Die Blumeninsel Mainau im Überlinger See, rechts im Hintergrund Konstanz.

Der Hof des Schlosses Mainau bildet auch einen stimmungsvollen Rahmen und freiluftigen Resonanzraum für Konzerte.

Die Insel Mainau mit ihren Gewächshäusern in allen farblichen Schattierungen des Herbstes.

Vor den Bootsanlegestellen und um die Dreiflügelanlage des Mainauer Schlosses gruppieren sich in einem Garten- und Landschaftspark Palmenhäuser, Grünterrassen, Wassertreppen und Baumgruppen.

Die Mainau im Lichterglanz: Die Insel war einst im Besitz des Deutschritterordens, davon zeugt das nach Entwürfen von Johann Caspar Bagnato errichtete Barockschloss mit Kirche.

Unbekannte Eilande

Die großen Inseln kennt jeder, die kleinen Eilande hingegen sind Geheimtipps. Die 1,8 Hektar große Dominikanerinsel oder Konstanzer Insel im Obersee ist durch den Stadtgraben von der Konstanzer Altstadt getrennt; im ehemaligen Dominikanerkloster befindet sich heute ein Hotel. Unbewohnt ist das zum Wollmatinger Ried gehörende Vogelschutzgebiet Triboldingerbohl Insel mit seinen 13,6 Hektar. Auch die 600 Quadratmeter große Vogelinsel bei Lindau ist, wie der Name sagt, ein Vogelparadies. Die nur 53 Quadratmeter kleine, unbewohnte Insel Hoy vor Lindau, die einst ein Villenbesitzer als Badestrand nutzte, kann man bei niedrigem Wasserstand zu Fuß erreichen. Im Untersee, der Mettnau südlich vorgelagert, liegt die 0,2 Hektar große Liebesinsel. Hier wurde 1956 eine amouröse Szene des Heimatfilms „Die Fischerin vom Bodensee" gedreht. Die unter Naturschutz stehende Insel kann auf Kanutouren angesteuert, aber nicht betreten werden. Die Werd-Inseln bilden eine Dreiergruppe am Ausfluss des Rheins nahe Stein am Rhein. Von Eschenz aus gelangt man über einen 200 Meter langen Holzsteg auf die 1,6 Hektar große Hauptinsel. Dort steht ein Konventsgebäude der Franziskaner, in dem die Klosterbrüder leben. Die beiden kleineren Inseln sind unbewohnt und Naturschutzgebiet.

Vor der Halbinsel Mettnau zwischen Markelfinger Winkel und Zeller See liegt die 0,2 Hektar große, unter Naturschutz stehende Liebesinsel, auf der 1956 eine Szene des Heimatfilms „Die Fischerin vom Bodensee“ gedreht wurde.

Wo der Seerhein bei Konstanz links oberhalb des Dammes zur Mainau in den Untersee mündet, liegt die Vogelinsel Triboldingerbohl.

Die drei Werd-Inseln im westlichen Teil des Untersees, die größte mit dem Konventsgebäude der Franziskaner ist über einen Holzsteg von Eschenz aus erreichbar.

Blick über das 780 erstmals urkundlich erwähnte Konstanzer Münster mit seinem neugotischen Kirchturm hin zum Konzilgebäude am Hafen.

Konstanz

Konstanz ist mit 86 000 Einwohnern die größte Stadt am Bodensee. Sie war vom 6. Jahrhundert bis 1827 Bischofssitz, im 15. Jahrhundert Ort des Konzils und damit Zentrum Europas, 1806 wurde sie ins Großherzogtum Baden eingegliedert. Heute ist Konstanz ein moderner Standort mit Reformuniversität, Hightech-Betrieben, auch im Grenzverkehr attraktiven Einkaufsmeilen und Freizeiteinrichtungen wie der Unterwasserwelt Sea Life. Von der großen Geschichte zeugen das aus der Romanik stammende Liebfrauenmünster mit seiner gotischen Turmspitze, die malerische Altstadt mit historischen Bauten wie dem Schnetztor, die mit Fresken und Reliefs verzierten Zunft- und Bürgerhäuser, der Renaissance-Arkadenhof des Rathauses und das Haus Zum Rosgarten, heute Museum der Bodenseeregion. An den 1415 beim Konzil auf dem Scheiterhaufen verbrannten Reformator Jan Hus erinnert das Denkmal Hussenstein, und die 2019 eingeweihte neue Synagoge steht für eine der ältesten jüdischen Gemeinden Deutschlands. Ein Gebäudemonument am Hafen ist das als Korn- und Lagerhaus errichtete Konzil, in dem 1417 die einzige Papstwahl in Deutschland stattfand. An der Hafeneinfahrt dreht sich Peter Lenks Statue der Imperia, die üppig dekolletierte Kurtisane des Konstanzer Konzils nimmt Papst und Kaiser als Winzlinge ironisch auf den Arm. Verlockungen in der Gegenwart bieten Seenacht- und Stadtgartenfest sowie kulinarische Angebote in Hotels und Feinschmeckerlokalen bis hin zum Sternerestaurant.

Drei Brücken über den Seerhein verbinden in Konstanz die linksrheinische Altstadt, Paradies und Niederburg mit dem rechtsrheinischen Petershausen.

Seit 1993 ist Peter Lenks zehn Meter hohe und sich um ihre eigene Achse drehende, tief dekolletierte Konzilkurtisane Imperia das Wahrzeichen am Konstanzer Hafen – auf ihren Armen Papst und Kaiser als Winzlinge.

Das im 14. Jahrhundert erbaute Schnetztor (rückseitig mit Fachwerkfassade) war Teil der mittelalterlichen Stadtumwehrung von Konstanz.

Vom Konstanzer Fährhafen Staad führen wichtige Schiffsverbindungen über den See.

Das am Konstanzer Hafen gelegene Konzil wurde im 14. Jahrhundert als Warenlager errichtet, in dem wuchtigen Steinbau mit Walmdach wählte 1417 das Konklave Papst Martin V.

Die Universität Konstanz wurde 1966 als „Reformuniversität" auf dem Gießberg im Stadtteil Egg gegründet und zählt heute zu den deutschen Exzellenzhochschulen.

Die Konstanzer Dominikanerinsel ist durch den Stadtgraben von der Altstadt getrennt. Im 13. Jahrhundert schufen die Dominikaner auf dem 1,8 Hektar großen Areal ein Kloster, in dem auch der Mystiker und Dichter Heinrich Suso als Mönch lebte und der Reformator Jan Hus während des Konzils eingekerkert war. Heute ist das Kloster Hotel, die Kirche Festsaal.

Die Halbinsel Mettnau mit dem 140 Hektar großen Naturschutzgebiet, das 1924 als eines der ersten Reservate in Deutschland ausgewiesen wurde.

Bodanrück | Radolfzell | Mettnau

Von Konstanz wechseln wir auf den Bodanrück, die größte Halbinsel des Bodensees. Diese Landzunge teilt Überlinger See und Untersee, und wo der Molasserücken steil abfällt, haben sich Schluchten in den Sandstein eingegraben. Besonders spektakulär ist die über einen Holzsteg begehbare (nach einem Erdrutsch 2015 noch längere Zeit gesperrte) Marienschlucht, lediglich 100 Meter lang, aber mit bis zu 30 Metern aufragenden Wänden. Das nahe Allensbach ist bekannt geworden durch die „Pythia vom Bodensee", Elisabeth Noelle-Neumann und ihr Institut für Demoskopie. Lohnenswert ist ein Besuch auf Schloss Freudental, und im Kloster Hegne kann man eine spirituelle Auszeit vom Alltag nehmen. Zwei Orte schmiegen sich ans Seeende: In Radolfzell zwischen Zeller See und Markelfinger Winkel gelegen, ist das gotische Münster Unserer Lieben Frau mit dem höchsten Kirchturm am Bodensee herausragend. In der Stadt sind die Häuser im „grienen Winkel", Relikte einer Fischer- und Bauernsiedlung des 18. Jahrhunderts, ebenso eine Attraktion wie die auch zur Wasserstandsmessung animierende Nackedei-Statue El Niño des Bildhauers Ubbo Enninga an der Hafenmole. Zur dunklen Seite der Geschichte gehörten eine SS-Kaserne und ein KZ-Außenkommando, daran erinnert eine Gedenkskulptur. Von Radolfzell aus ist es ein Katzensprung auf die Halbinsel Mettnau, wo das Scheffel-Schlösschen und das Max-Planck-Institut für Ornithologie im Wasserschloss Möggingen einen Besuch lohnen. Die Mettnau ist ein Vogelparadies, Rast- und Nistplatz für Tausende von Vögeln und eines der ältesten Naturschutzgebiete Deutschlands. Und auch für Menschen gibt es hier Refugien, denn die Mettnau ist bekannt als Zentrum für Bewegungstherapie mit Kliniken für Gesundheits- und Rehabilitationsprogramme.

Am Übergang vom Bodanrück zum Überlinger See liegt die Doppelgemeinde Bodman-Ludwigshafen. Bodman, eine der ältesten Siedlungen am See, war Pfalz der Karolinger und Staufer, die Ruine Altbodman, das oberhalb des Ortes gelegene Kleinod Frauenberg mit Wallfahrtskapelle und das Schloss der Grafen von Bodman bezeugen die einstige Bedeutung. Die zahlreichen, zwischen Bodman und Ludwigshafen gefundenen Pfahlbausiedlungen zählen zum UNESCO-Weltkulturerbe, sie dienten als Vorlage für den Bau zweier außergewöhnlicher Welterbe-Pfahlbau-Kinderspielplätze. In Ludwigshafen lohnt zudem das imposante Zollhaus aus großherzoglich-badischer Zeit einen Besuch.

Im Ried zwischen Mettnau mit Radolfzell (links) und Höri mit Moos (rechts) mündet die Radolfzeller Aach in den Zeller See.

Das Naturschutzgebiet Mettnau ist an seinem äußersten Zipfel eine zur Brutzeit gesperrte Zwischenstation für Zugvögel.

Radolfzell mit seinem spätgotischen Münster Unserer Lieben Frau aus dem 15. Jahrhundert und dem modernen Sportboothafen Wäschbruck.

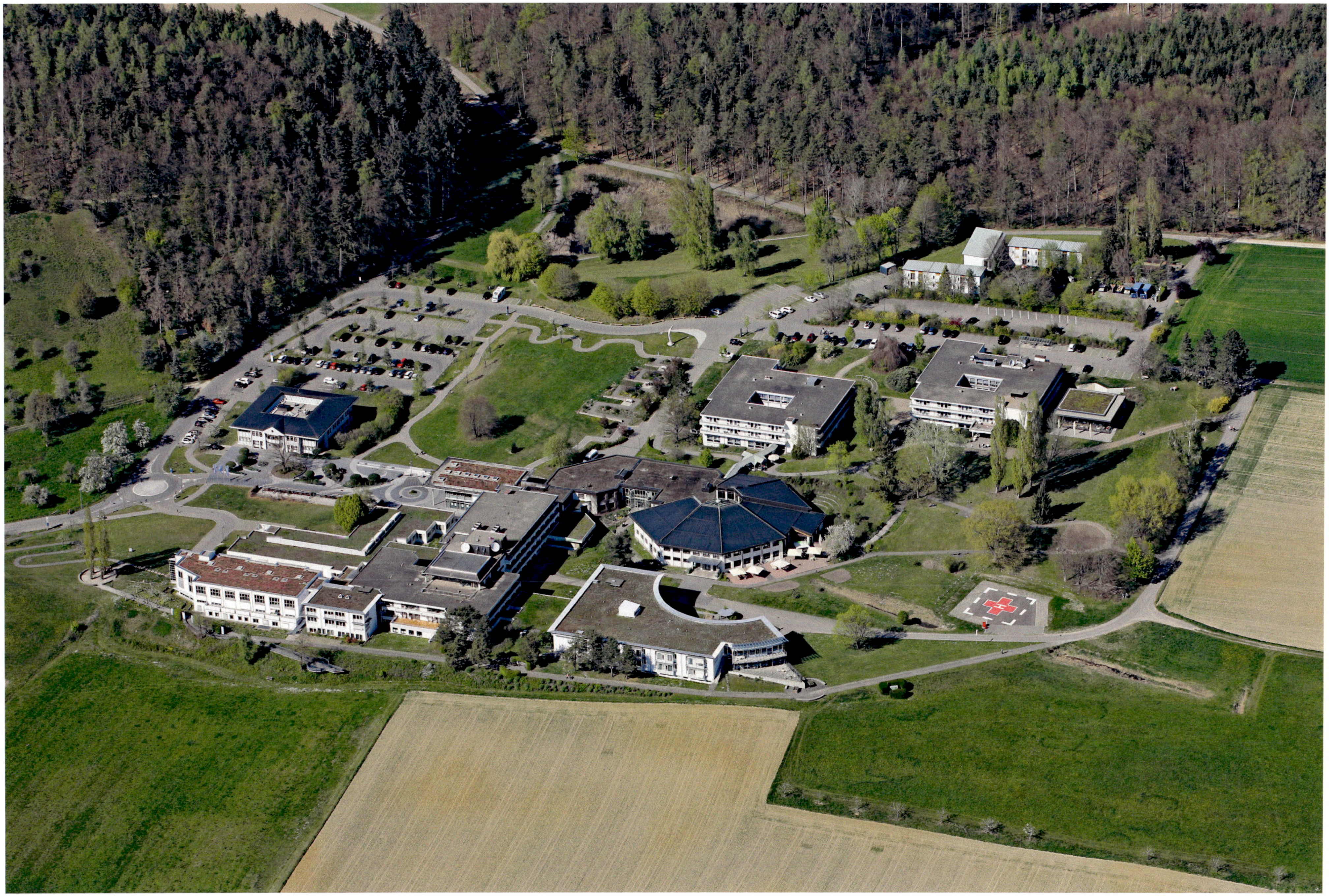

Auf neurologische Behandlung und Rehabilitation spezialisiert sind die Kliniken Schmieder in Allensbach.

In der ans Naturschutzgebiet und Vogelreservat auf der Mettnau angrenzenden Hermann-Albrecht-Klinik werden unter anderem Patienten mit Herz- und Kreislauferkrankungen sowie Erschöpfungssyndromen behandelt.

Die in einer Parkanlage auf der Mettnau gelegene Werner-Messmer-Klinik hat sich der medizinischen und kardiologischen Prävention und Rehabilitation sowie der Anschlussheilbehandlung verschrieben.

1892 übernahmen die Barmherzigen Schwestern vom Heiligen Kreuz das aus dem 16. Jahrhundert stammende Schloss Hegne bei Allensbach und richteten dort ein Kloster ein, in dem sich heute auch Betreuungs- und Bildungseinrichtungen befinden, ein Tagungs- und Ferienhotel lädt zur Besinnung und Einkehr ein.

Das um 1700 erbaute Barockschlösschen im Allensbacher Stadtteil Freudental kann für Veranstaltungen und Tagungen gemietet werden.

Der markante, mit 66 Metern Höhe weithin sichtbare Nordturm des spätgotischen Überlinger Münsters St. Nikolaus als Silhouette im untergehenden Sonnenlicht vor Überlinger See und Bodanrück.

Überlingen und Umgebung

Nun geht es vorbei an Sipplingen, das nicht nur für die Bodensee-Wasserversorgung auf dem Berg, sondern ebenso für den schönen Ortskern im Tal eine Erwähnung wert ist. Weiter am Weg liegt der Goldbacher Stollen, den 800 Häftlinge des KZ-Außenlagers Aufkirch 1944 in den Fels treiben mussten; dort setzten die Nazis geschützt vor Luftangriffen die Rüstungsproduktion fort.

Wir erreichen Überlingen mit seinen 23 000 Einwohnern. Entlang Therme, Strandbad, Uferpromenade mit Arboretum und Gartenschaugelände, den Terrassen des Stadtgartens mit der botanisch außergewöhnlichen Kakteenfreianlage, gelangen wir ins Zentrum der ehemaligen Freien Reichsstadt. In dem durch einen Graben- und Mauerring geschlossenen historischen Kern, steht die größte gotische Kirche am Bodensee: das Münster St. Nikolaus, eine 1350–1576 errichtete fünfschiffige Basilika mit dem zehn Meter hohen und fünf Meter breiten Schnitzaltar Jörg Zürns. Weitere markante Kulturdenkmale finden sich auch in der bergwärts sich ziehenden Altstadt mit Renaissance-Rathaus, Patrizierhaus Gunzoburg, barocker Franziskanerkirche und Reichlin-von-Meldegg-Haus. Den Blickfang vom See her bilden das spätbarock-frühklassizistisch geprägte ehemalige Lager- und Handelshaus Greth sowie das stattliche Zeughaus mit seinem Staffelgiebel. Im Mittelpunkt des Landungsplatzes steht Peter Lenks Skulptur „Der Bodenseereiter“: Der grimmig dreinblickende Schriftsteller Martin Walser auf Schlittschuhen hoch auf einem widerstrebenden Ross, gestützt von nackten Nixen im Brunnen.

Tief eingeschnitten in den Bodanrück und eingeschmiegt in den Wald zwischen Bodman und Wallhausen liegt die über einen Holzsteg begehbare, nach einem Erdrutsch länger gesperrte Marienschlucht. Oberhalb, lohnt das Ausflugslokal Hofgut Bodenwald den Aufstieg.

Die Ruine der hochmittelalterlichen Burg Altbodman auf einem Bergsporn über der Marienschlucht.

Einst wurden hier Grenzkontrollen durchgeführt, heute ist das großherzoglich-badische Hauptzollamt in Bodman-Ludwigshafen Rathaus, Veranstaltungs- und Gastronomiezentrum.

Bodman-Ludwigshafen mit Zollhaus, Hotellerie und Hafen mit Steganlage.

Sipplingen am Überlinger See unterhalb der aufgefalteten Berglandschaft, auf deren Plateau die Bodensee-Wasserversorgung steht.

Im Nebel und Raureif liegt auf dem Sipplinger Berg die große Aufbereitungsanlage der Bodensee-Wasserversorgung, die 1954 zur Deckung des Wasserbedarfs auf der Schwäbischen Alb und im Großraum Stuttgart gegründet wurde.

Wasser für rund vier Millionen Baden-Württemberger aus dem See: 149 Kommunen und 34 Zweckverbände beziehen über die Fernwasserversorgung ihr Trinkwasser.

Überlingen mit dem Münster St. Nikolaus und der sich bergwärts ziehenden Altstadt, am See die Schiffslände mit der Greth.

Das Gelände der Überlinger Landesgartenschau reicht am Seeufer entlang bis Goldbach, wo mit der um 840 errichteten Silvesterkapelle einer der ältesten erhaltenen Kirchenbauten des Bodenseeraums mit schönen karolingischen Wandmalereien steht.

Bis ins 14. Jahrhundert zurück geht die Geschichte der Greth: 1788 baute der Deutschordensbaumeister Franz Anton Bagnato das uferbeherrschende Überlinger Waren- und Handelshaus im spätbarock-frühklassizistischen Stil um, heute sind unter dem mächtigen Walmdach Markthalle, Gastronomie und Kino untergebracht.

Neben der Überlinger Therme erstreckt sich das Strandbad mit Liegewiese und Seezugang für Badegäste.

Herbststimmung an der Birnau, die Wolken spiegeln sich nordlichtartig flirrend im See.

Die Gegend um Uhldingen und Meersburg

Durch Martin Walsers Wohnort Nußdorf und die markgräflich-badischen Weinberge geht es hinauf zur Wallfahrtskirche Birnau. Wie eine Glucke thront die vom Vorarlberger Baumeister Peter Thumb Mitte des 18. Jahrhunderts errichtete barocke Basilika über dem See und schmiegt sich mit ihrer klar gegliederten Fassade vollendet in die Landschaft ein. Die bekannteste Figur in dem von Joseph Anton Feuchtmayer betörend gestalteten Rokoko-Innenraum ist der „Honigschlecker“, ein genüsslich aus einem Bienenkorb naschender Putto. Zu Füßen der Birnau liegt, direkt am Seeufer, Schloss Maurach. Der einstige Gutshof des Klosters Salem dient heute als Tagungshotel und Weiterbildungsstätte. Unsere nächste Station ist Uhldingen. Dort veranschaulicht das von 300 000 Menschen jährlich besuchte archäologische Freilichtmuseum mit Hausrekonstruktionen und archäologischen Funden aus der Jungsteinzeit und Bronzezeit die beeindruckenden Siedlungsformen in der Flachwasserzone des Sees. Seit 2011 zählen sie zum UNESCO-Kulturerbe „Prähistorische Pfahlbauten um die Alpen“. Wir erreichen Meersburg mit einer der ältesten Burgen Deutschlands, der fürstbischöflichen Barockresidenz Neues Schloss Meersburg und zahlreichen Museen. Die Altstadt gilt als Inbegriff deutscher Romantik, oberhalb von ihr steht das Fürstenhäusle, ein Weinberghaus, welches die Schriftstellerin Annette von Droste-Hülshoff 1843 ersteigerte und als Rückzugsort nutzte. Mit Blick auf die Alpenkulisse schrieb sie ihr Gedicht „Der Säntis“: „O du mein ernst gewalt'ger Greis, / Mein Säntis mit der Locke weiß! / In Felsenblöcke eingemauert, / Von Schneegestöber überschauert ...“

Umgeben von Weinbergen steht die Wallfahrtskirche Birnau zwischen dem markgräflichen Gutshof Birnauer Oberhof am Berg und über dem heute als Tagungsstätte dienenden ehemaligen Salemer Gutshof Schloss Maurach am See.

Wie eine Glucke thront die 1746–1749 vom Vorarlberger Baumeister Peter Thumb für die Reichsabtei Salem errichtete, mit Fresken, Stuckaturen und Skulpturen reich ausgestattete Barockbasilika Birnau über dem See.

Das jährlich von 300 000 Menschen besuchte archäologische Freilichtmuseum in Uhldingen-Mühlhofen zeigt Rekonstruktionen von Pfahlbauten aus der Stein- und Bronzezeit, das nahe Pfahlbaufeld „Unteruhldinger Seewiesen“ gehört seit 2011 zum UNESCO-Weltkulturerbe.

Reger Schiffsverkehr herrscht an der Anlegestelle Unteruhldingen, rechts der Sportboothafen.

Blick über die historische Altstadt zum Meersburger Hafen, wo ein Passagierschiff sich rückwärts von der Mole entfernt, um danach in einer Kurve auf den See zu steuern.

Die ehemals fürstbischöfliche Residenzstadt Meersburg mit der aus dem 7. Jahrhundert stammenden Alten Burg (links), dem Neuen Schloss von 1712 (rechts daneben) sowie den stattlichen Seminar-, Wirtschafts- und Stallgebäuden, liegt eindrucksvoll über der Unterstadt mit dem Hafen.

Anlegen im Bundesbahnhafen in der Meersburger Unterstadt, wo im 1505 als Getreide- und Warenspeicher erbauten roten Grethaus inzwischen die Jugendkunstschule untergebracht ist.

Meersburg im Winterzauber: Der Schnee überzuckert die Silhouette mit Altstadt und Hafen, Burg und Schloss bei Sonnenuntergang.

Das Strandbad von Meersburg, daneben die Therme mit Sauna- und Wellnessbereich.

Friedrichshafen ist der bedeutendste Industriestandort am Bodensee und ein wichtiger Verkehrsknotenpunkt für Schifffahrt, Straßen-, Schienen- und Luftverkehr.

Friedrichshafen und Umgebung

In Richtung Friedrichshafen kommt man durch das beschauliche Hagnau, wo der Schriftsteller und Pfarrer Heinrich Hansjakob 1881 die älteste Winzergenossenschaft Badens gründete. Im Ortsteil Frenkenbach ist ein Juwel der Romanik zu entdecken: Die im 12. Jahrhundert aus Feldsteinen errichtete Kapelle St. Oswald und St. Otmar, im Volksmund „Frenkenbacher Münster" genannt. Zwischen Hagnau und Meersburg erstreckt sich ein weinkundlicher Höhenweg mit wunderbarem Blick auf den See, auf Schloss Kirchberg und Immenstaad mit seinem Jachthafen. Nun verlassen wir den badischen Seeteil und gelangen auf württembergisches Gebiet. Friedrichshafen, mit 60 000 Einwohnern zweitgrößte Stadt am See, entstand 1811 aus der ehemaligen Reichsstadt Buchhorn und der Klostergemeinde Hofen und wurde nach König Friedrich I. benannt. Das bedeutendste Bauwerk, die 1695–1702 von Christian Thumb gebaute barocke Klosteranlage Hofen, modelte Giovanni Salucci 1823–1830 zum Schloss um, das dem württembergischen Königshaus als Sommerresidenz diente. Die Württemberger wiederum machten aus der Stadt einen Handelsplatz und Freihafen, trieben die Entwicklung der Schifffahrt und Industrie voran. Zum Vorzeigeunternehmer wurde der Luftschiffbauer Graf Ferdinand von Zeppelin, und der geniale Konstrukteur Claude Dornier entwarf hier Flugzeuge und Flugboote. Allerdings war Friedrichshafen auch ein wichtiger Standort der NS-Rüstungsindustrie und lag nach elf Bombenangriffen in Schutt und Asche. Zeppelin und

Dornier existieren bis heute und haben Weltfirmen wie ZF und MTU nach sich gezogen. Die Stadt hat mit der Zeppelin Universität eine anerkannte Privathochschule und ist zudem Veranstaltungsort für Messen wie Aero oder Interboot. Beeindruckende Museen präsentieren in der „Häfler"-Stadt ihre Sammlungen: das Zeppelin Museum im Gebäude des ehemaligen Hafenbahnhofs, das Dornier Museum neben dem Flughafen und das Schulmuseum in der Villa von Riss. Punkten kann Friedrichshafen zudem mit seinen in der Bundesliga und Champions League erprobten Volleyballern. Und wer nach dem dynamischen Spiel Entspannung sucht, findet diese an der lang gestreckten Uferpromenade mit dem Kultur- und Kongresszentrum Graf-Zeppelin-Haus. Nach Friedrichshafen passieren wir das große Naturschutzgebiet bei Eriskirch, wo eine Führung durchs Ried besonders zur Irisblüte und ein Abstecher zu den zwei gedeckten historischen Holzbrücken empfehlenswert sind. Wir gelangen nach Langenargen, wo auf einer vorgelagerten Halbinsel Schloss Montfort steht, das König Wilhelm I. 1866 im maurischen Stil errichten ließ. Zwischen Langenargen und Hofen gilt unser Augenmerk einem industriellen Kulturdenkmal vom Ende des 19. Jahrhunderts: Eine der ältesten Kabelhängebrücken Deutschlands überspannt das Flüsschen Argen. An der Grenze Württembergs liegt Kressbronn, das nicht nur für das Wasserschloss Gießen, seine Werft oder den EADS/Airbus-Standort bekannt ist, sondern auch für den Kressbronner Kreis. Das war eine Art Koalitionsausschuss, zu dem der damalige Bundeskanzler Kurt Georg Kiesinger zunächst in seinen Urlaubsort am See eingeladen hatte und dem Politiker wie Willy Brandt, Franz Josef Strauß oder Helmut Schmidt angehörten.

Hagnau mit der Pfarrkirche St. Johann Baptist, davor der ehemalige Weingartener Klosterhof, in dem heute das Rathaus und ein Museum untergebracht sind.

Über dem Spotlight im See liegen die Weinberge von Hagnau, wo 1881 die älteste Winzergenossenschaft Badens gegründet wurde.

Immenstaad ist einer der Standorte des Verteidigungs- und Raumfahrtunternehmens Airbus Defence and Space.

Landgang am Anleger von Immenstaad, von dort kann man auch mit der Lädine „St. Jodok“ (rechts), einem 17 Meter langen Nachbau historischer Lastensegler, in den See stechen.

Hagelschutznetze werden zunehmend wichtiger in Zeiten des Klimawandels: Inmitten von Weinbergen liegt Schloss Kirchberg bei Immenstaad, einst Gutshof und Nebenwohnsitz der Äbte von Salem.

Die neuen württembergischen Herren ließen das barocke Klosterensemble Hofen von 1824 an zum Schloss Friedrichshafen umbauen, das sie zum Zeichen ihrer Seepräsenz als Sommerresidenz bewohnten.

Das geschäftige Friedrichshafen mit der Kirche St. Nikolaus (vorn Mitte), der Ufermole mit dem bauhausstilistisch beachtlichen Zeppelin Museum im ehemaligen Hafenbahnhof, dem Seebahnhof und Fährhafen (rechts).

Das Freibad von Friedrichshafen, wo die Gäste am Strand planschen oder über einen Steg den Sprung ins tiefere Wasser wagen können.

Das Werksgelände von ZF Friedrichshafen, einem der weltweit größten Autozulieferer mit rund 150 000 Beschäftigten.

Das nach dem legendären Luftschiffer benannte Graf-Zeppelin-Haus ist ein Kultur- und Veranstaltungszentrum an der Uferpromenade von Friedrichshafen.

Die Friedrichshafener Messehallen, in denen Ausstellungen wie „Aero“ oder „Interboot“ stattfinden, liegen verkehrsgünstig an der Landebahn des Bodensee-Airports.

Das Dornier Museum am Flughafen Friedrichshafen erinnert an den genialen Flugzeugbauer Claude Dornier: Auf 6 000 Quadratmetern sind knapp 400 Exponate zu sehen, darunter Originalflugzeuge und Nachbauten sowie Ausstellungsstücke aus der Raumfahrt.

Der stündlich Friedrichshafen mit Konstanz verbindende Katamaran passiert den Moleturm an der Hafeneinfahrt, zu dessen Aussichtsplattform in knapp 23 Metern Höhe Besucher über eine stählerne Wendeltreppe gelangen.

Der Seecampus, einer von zwei Standorten der 2003 gegründeten Zeppelin Universität, die privatwirtschaftlich organisiert und staatlich anerkannt ist.

Still ruht der See: Im Herbst zieht häufig Nebel auf und bedeckt die Wasserfläche, aber über dem Dunstschleier reicht die Sicht von Friedrichshafen bis zum Säntis.

Auf einer in den See reichenden Landzunge liegt Langenargen, hier münden die Bodenseezuflüsse Argen und Schussen.

Als Lustschloss ließ König Wilhelm I. auf einer Langenargen vorgelagerten Halbinsel 1866 Schloss Montfort im maurischen Stil erbauen.

Zwischen Langenargen und Hofen überspannt die 1897 eingeweihte Kabelhängebrücke mit 72 Metern Stützweite das Flüsschen Argen.

Schlafen am Hafen: Auf dem Gelände der traditionsreichen Bodan-Werft in Kressbronn entstanden nach deren Insolvenz moderne Wohnmöglichkeiten auch in zwei der denkmalgeschützten Hallen.

Das Wassersportzentrum Ultramarin Marina in Kressbronn-Gohren mit 200 000 Quadratmeter Hafenfläche und 1 400 Liegeplätzen für Segelboote und Jachten.

Die historische Altstadt der ehemaligen Reichsstadt Lindau ist durch einen Eisenbahndamm und eine Straßenbrücke mit dem Festland verbunden.

Die deutsche Uferseite mit Bayern

Lindau und Umgebung

Bei Nonnenhorn kommen wir auf bayerisches Gebiet. Ob der Ortsname etwas mit der typischen Hornform der Landzunge, dort ansässigen Nonnen oder mit dem keltischen Stamm der Nunen zu tun hat, ist unklar. Eindeutig auf 1591 datiert ist dagegen die Errichtung der ältesten Weinpresse am See, eines sogenannten Torkels. Das benachbarte Wasserburg mit seiner weithin sichtbaren Kirche St. Georg liegt auf einer der großen Halbinseln, zu denen außerdem Rheindelta, Höri, Bodanrück und Mettnau zählen. Die Fugger verbanden 1720 die damalige Insel mit dem Festland, und am Seeufer erinnert ein Denkmal an den in Wasserburg begrabenen Schriftsteller Horst Wolfram Geißler und sein Buch „Der liebe Augustin". Über den Kurort Bad Schachen erreichen wir Lindau, dessen Inselstadt vollständig unter Denkmalschutz steht. Die ehemalige Reichsstadt mit der großzügigen Fußgängerzone Maximilianstraße und malerischen Gassen wie dem Zitronengässle bietet eine Fülle von Sehenswürdigkeiten: Bürgerhäuser mit prächtig bemalten Fassaden wie das Haus Zum Cavazzen, heute Stadtmuseum, den 20 Meter hohen Mangturm mit seinem schillernden Dach sowie den Diebsturm, das reich bemalte Rathaus mit Staffelgiebel und die Peterskirche mit den frühgotischen Fresken „Lindauer Passion", die Hans Holbein dem Älteren zugeschrieben werden. Eine Touristenattraktion ist der Seehafen mit dem alten und neuen Leuchtturm und der Mole, wo der bayerische Löwe über die Hafeneinfahrt wacht. Versammelten sich 1496/1497 die Fürsten aus ganz Deutschland in Lindau zum Reichstag, so sind es nun Nobelpreisträger und Psychotherapeuten aus der ganzen Welt, die sich am und auf dem See zum Gedankenaustausch treffen. Und wer es weniger vernünftig mag, der kann in der Spielbank sein Glück versuchen.

Die 2,3 Hektar große Halbinsel Wasserburg mit Schloss, Kirche St. Georg und Hafen.

Angetriebenes Sturmholz staut sich bei Wasserburg im See.

Von Lindau und seiner Altstadtinsel reicht die Sicht über Bregenz mit dem Rheindelta in die grandiose Gebirgswelt.

Ein Schiff steuert im gleißenden Sonnenlicht den Hafen von Lindau an.

Gesäumt vom Leuchtturm und dem bayerischen Löwen öffnet sich die Lindauer Hafeneinfahrt, zu dessen „Schutz und Trutz“, so die Inschrift, auch der 20 Meter hohe Mangturm erbaut wurde.

Wie Adern schlängeln sich die Gleise über den Damm aufs Bahnhofs- und Rangiergelände (links), über die 150 Meter lange neue Seebrücke (rechts) gelangen Autofahrer und Fußgänger in die Lindauer Altstadt, wo die evangelische Kirche St. Stephan und das katholische Münster Unserer Lieben Frau friedlich nebeneinander stehen.

Zwischen den Kegeln der erloschenen Hegauvulkane und der Alpenkulisse liegt das nebelumhüllte Becken des Bodensees.

Das deutsche Hinterland

Bevor wir auf die österreichische und Schweizer Seite wechseln, im Folgenden noch einige Tipps für schöne Ausflüge ins Hinterland: Die ehemaligen Reichsstädte Wangen und Isny mit ihren barocken Kirchen, imposanten Stadttoren und stattlichen Patrizier- und Rathäusern sind auf jeden Fall einen Besuch wert. Tettnang ist bekannt für seinen Hopfen, der als „Grünes Gold“ dem Bier Aroma und Bitternoten gibt, und für sein Neues Schloss der Grafen von Montfort im Stil des Spätbarocks; es ist auch eine wichtige Station der Oberschwäbischen Barockstraße. Die Truchsessen und Fürsten der Waldburgschen Linien Zeil und Wolfegg, deren Vorfahre „Bauerjörg“ einen fürchterlichen Ruf im Bauernkrieg genoss, haben mit ihren Schlössern und Burgen weithin sichtbare Landmarken und feudale Machtsignale gesetzt.

Ravensburg war einst Sitz der europaweiten Großen Handelsgesellschaft, von deren Wohlstand Bauwerke wie Waag- und Kornhaus, Stadttore wie Frauentor oder Türme wie der Mehlsack künden. Das spätmittelalterliche Wohnquartier der Kaufleute Humpis wurde zum lehrreichen Geschichtsmuseum umgebaut. Das Kunstmuseum mitten in der historischen Altstadt ist ein architektonisches Highlight, zu sehen sind Wechselausstellungen und die eindrucksvolle Sammlung Selinka. Und das Spielemuseum begeistert Besucher jeglichen Alters. Das im benachbarten Weingarten stehende gewaltige Benediktinerkloster mit Basilika wird oft mit dem Escorial und dem Petersdom verglichen. Von hier aus lohnt die Weiterfahrt zur Oberschwäbischen Barockstraße mit ihren grandiosen Gotteshäusern wie der Dorfkirche Steinhausen – ein kleines Himmelreich auf Erden. Wer es beschaulich mag, dem sei das Deggenhauser Tal am Höhenzug Höchsten für Rad- und Wandertouren empfohlen. Einen überwältigenden Ausblick auf die Alpen hat man vom Renaissanceschloss Heiligenberg, das die Fürsten von Fürstenberg auf einem Felssporn als Trutzburg errichten; berühmt ist der riesige Rittersaal mit einer der schönsten geschnitzten Holzdecken Süddeutschlands. Markdorf, einst Sommerresidenz der Konstanzer Bischöfe, überrascht mit seinem historischen Altstadtkern, mit Hexenturm und Schloss. In Anklang an Jeru-Salem ist Salem benannt, 1137/1138 errichteten die Zisterzienser ein Kloster, das zur Reichsabtei erhoben und direkt dem Heiligen Stuhl unterstellt wurde. Heute gehört das weitläufige Ensemble mit dem hochgotischen Münster dem Haus Baden. 1920 gründete der Reformpädagoge Kurt Hahn ein Internat, das inzwischen mit seinen Eliteschulen und internationalen Colleges auf dem Härlen-Campus oder im Schloss Spetzgard weltweites Renommee besitzt. Und natürlich darf ein Abstecher zum Tierpark Affenberg mit seinem 20 Hektar großen Freigehege für 200 Berberaffen sowie den Horsten für eine Kolonie frei fliegender Störche, im Programm nicht fehlen. Stockach ist bekannt ist für das „Hohe Grobgünstige Narrengericht", vor das Prominente in der schwäbisch-alemannischen Fasnacht gezerrt und zu eimerweise Wein als Strafe verdonnert werden. Vom Hegau am westlichen Bodensee kündet weithin das imposante Kegelspiel erloschener Vulkanschlote, etwa der Hohentwiel mit Festungsruine und höchstem Weinberg oder die Burgruinen Hohenkrähen und Hohenstoffeln.

Das im 16./17. Jahrhundert errichtete Neue Schloss der Grafen von Montfort in Tettnang ist mit seiner dreigeschossigen Vierflügelanlage eine Perle des oberschwäbischen Barocks.

Hopfengärten bei Tettnang, in denen das „Grüne Gold" an hohen Gerüsten rankt und nach der Ernte dem Bier sein von Braumeistern in aller Welt geschätztes feines Aroma verleiht.

Auf einem Felssporn mit Weitblick liegt Heiligenberg samt Vorhof und frei stehendem Glockenturm. Die Fürsten von Fürstenberg ließen die spätmittelalterliche Burg 1560–1575 zum Renaissanceschloss umbauen, in dem der Rittersaal mit seiner geschnitzten Holzdecke besonders beeindruckt.

Der bedeutende Marktflecken Markdorf mit der das Ortsbild dominierenden katholischen Pfarrkirche St. Nikolaus.

Das Salem International College auf dem Campus Härlen in Überlingen ist einer von drei Standorten der 1920 vom Reformpädagogen Kurt Hahn gegründeten Internatsschule Schloss Salem.

Pracht und Macht, Reichtum und Kulturerbe: Salem mit der 1137/1138 gegründeten ehemaligen Zisterzienser-Reichsabtei, gotischem Münster und weiträumiger Schlossanlage kam 1802 mit der Säkularisation in den Besitz der Markgrafen von Baden.

Schloss Langenstein im Hegau ist im Besitz der Grafenfamilie Douglas. Dort ist ein Golf- und Countryclub untergebracht. Das Fasnachtsmuseum findet seinen Platz im Neubau.

Wo die Affen durch den Wald rasen: Im 20 Hektar großen Freigehege des Tierparks Affenberg leben rund 200 Berberaffen, zudem machen dort Störche Zwischenstation, bevor sie Richtung Süden starten.

Die 686 Meter hoch auf einem erloschenen Vulkankegel gelegene Burg Hohentwiel bei Singen, war einst Teil der württembergischen Landesfestung, 1799 wurde sie von den Franzosen eingenommen und 1801 geschleift. Der Hohentwiel ist eine der größten Festungsruinen Deutschlands.

Einer der charakteristischen Vulkankegel des Hegaus an der A 81 gelegen: Der Hohenkrähen (664 Meter ü. M.) war schon in der Jungsteinzeit besiedelt, die im 12. Jahrhundert errichtete Burg wurde im Dreißigjährigen Krieg zerstört, die Vorburg dient heute als Pfadfinderzentrum.

The German Side

With a wealth of variety and atmospheric density, the Lake Constance panorama spreads from the Überlinger See, over the Bodanrück, through to the Alps.

In front of Reichenau Island is the Wollmatinger Reid. At 767 hectares, it is the largest nature reserve on the German shores of Lake Constance. In front of it is the bird reserve island of Triboldingerbohl with 13.6 hectares.

Reichenau – World Heritage Site

At 440 hectares, Reichenau Island in the Untersee is the largest island and was renowned as a fertile, rich pasture, even in the Middle Ages. From the mainland, a road runs through the Wollmatinger Ried nature reserve and along the Reichenauer Damm, built in 1838 and lined with poplar trees. At 439 metres above sea level and 43 metres above the level of the lake, the Hochwart is the highest point. From here, cyclists and hikers on the move amongst vines and vegetables can get a wonderful panoramic view. This is also a view of an ancient cultural landscape: St Pirmin founded the monastery of Reichenau in 724. This was the beginning of the flourishing of the three Romanesque churches – St George in Oberzell, which is renowned for its frescoes, St Mary and Mark in Mittelzell and St Peter and Paul in Niederzell – which soon became a spiritual centre of the Middle Ages. The monastic island has been a UNESCO World Heritage Site since 2000. The fact that Reichenau is a green island with rich vegetation was also detected by Abbot Walahfrid Strabo, who composed his didactic poem "Liber de cultura hortorum" ("Book on horticulture"), better known as "Hortulus" in 840, the first guide to horticulture and medicinal herbs, and who created a show garden in Mittelzell. This herb garden was redesigned in 1991 according to Walahfrid's plans and is open to visitors. Today, large-scale horticulture is the hallmark of Reichenau. Primarily family companies grow 14,000 tonnes of vegetables each year on an area of 80 hectares of open land and 40 hectares of greenhouses.

The Floral Island of Mainau

Each year, the 45 hectares of the floral island in the Überlinger See draws 1.3 million visitors. The luscious park and the glass greenhouses offer a taste of the tropics: The Mediterranean climate is ideal for the growth of oranges and lemons, orchids, azaleas, rhododendrons, roses, tulips, dahlias and narcissuses. Water staircases and green terraces, the "Wasserwelt" children's playground, an arboretum with 250 different woods, buildings for palms and exotic butterflies round off the fine splendour. The whole-year programme of events on Mainau includes concerts, readings, a sustainability course or garden tips on the "Green Telephone". The Baroque palace and church erected by Johann Caspar Bagnato between 1739 and 1746 is the legacy of the Teutonic Order, who owned the island between 127 and 1806. During the Napoleonic era, Mainau, later connected to the mainland with a causeway and bridge, became a part of the Grand Duchy of Baden. In 1932, it was inherited by the Swedish Count Lennart Bernadotte. Together with his wife, Countess Sonja, he founded a foundation in 1974, under whose umbrella the operation of the island has become a successful medium-sized enterprise. Today, it is headed by the fourth generation of Bernadottes.

The Floral Island of Mainau in the Überlinger See, with Konstanz on the right in the background.

In front of the Mettnau peninsula between the Markelfinger Winkel and the Zeller See is the 0.2 hectare, protected Liebesinsel, upon which a scene from the sentimental film "Die Fischerin vom Bodensee" was filmed in 1956.

Unknown Islands

Everyone has heard of the largest islands, but the little islets are insider tips. The 1.8 hectares of the Dominikanerinsel or Konstanzer Insel in the Obersee are separated from the old city of Konstanz by the city moat. The former Dominican monastery is now a hotel. The bird sanctuary of the Triboldinger Bohl, covering 13.6 hectares, is uninhabited and belongs to the Wollmatinger Ried. The 600 square metres of the Vogelinsel (Bird Island) near Lindau is, as the name suggests, a paradise for birds. The small uninhabited island of Hoy near Lindau, measuring just 53 square metres and once used by the owner of a villa as a bathing beach, can be reached on foot at low tide. In the Untersee, offshore south of Mettnau, are the 0.2 hectares of the Liebesinsel. An amorous scene from the sentimental film "Die Fischerin vom Bodensee" was filmed here in 1956. The island, which is a nature reserve, can be approached on canoe tours. The Werd Islands form a trio when the Rhine leaves the lake near Stein am Rhein. From Eschenz, it is possible to reach the 1.6-hectare main island over a 200 metre-long wooden bridge. It is the home of a Franciscan monastery, in which half a dozen Franciscan friars live. The two smaller islands are uninhabited and a nature reserve.

Konstanz

With 86,000 inhabitants, it is the largest city on Lake Constance. It was the seat of a bishop from the 6th century to 1827, the location of the Council in the 14th century and thus the centre of Europe. It was incorporated into the Grand Duchy of Baden in 1806. Today, Konstanz is a modern city with a reform university, hi-tech companies, attractive shopping opportunities, even for cross-border shopping, and leisure facilities, such as the underwater world of Sea Life. Its great history is attested to by the Romanesque Liebfrauenmünster (Minster of Our Dear Lady) with its Gothic steeple, the picturesque old city with its historic buildings such as the Schnetztor, the guild and patrician buildings decorated with frescoes and reliefs, the Renaissance arcaded courtyard of the City Hall and the Haus Zum Rosgarten, now the Museum of the Lake Constance Region. The Hussenstein Monument reminds us of the reformer Jan Hus, who was burned at the stake in 1415 during the Council, and the new synagogue, consecrated in 2019, reminds us of one of Germany's oldest Jewish communities. A monumental building by the harbour is the "Konzil" (Council building), erected as a warehouse and in which the only Papal election in Germany took place in 1417. At the entrance to the harbour is Peter Lenk's statue "Imperia", a well-built, low-cut courtisane, ironically holding a tiny Pope and Emperor in her hands. Attractions in the present day include the Seenachtfest and Stadtgartenfest, as well as the culinary delights in hotels and gourmet restaurants, right up to the Michelin starred Ophelia.

In Konstanz, three bridges over the Seerhein connect the old city, Paradies and Niederburg on the left bank with Petershausen on the right bank.

In the marshes between Mettnau with Radolfzell (left) and the Höri with Moos (right), the Radolfzeller Aach flows into the Zeller See.

Bodanrück | Radolfzell | Mettnau

From Konstanz, we move to the Bodanrück, the largest peninsula by Lake Constance. This area of land separates the Überlinger See and the Untersee and, where the Molasserücken drops steeply, there are gorges in the sandstone. Particularly spectacular is the Marienschlucht (sadly shut off after a landslide in 2015), which could be reached by a wooden walkway. It is just 100 metres long but has walls rising to a height of 30 metres. Nearby Allensbach has become well-known through the "Oracle of Lake Constance", Elisabeth Noelle-Neumann and her Institute for Demoscopy. It is worth visiting Schloss Freudental, and it is possible find a spiritual escape from everyday life in Hegne Monastery. Two communities hug to the end of the lake: In Radolfzell, between the Zeller See and the Markelfinger Winkel, the Gothic Münster Unserer Lieben Frau (Minster of Our Dear Lady) stands out and offers the highest church tower around Lake Constance. The town contains the houses of the "Griener Winkel", relics of an 18th century fishing and peasant community, as well as the attraction of the sculptor Ubba Enninga's naked statue of El Nino, located on the harbour wall and also used to measure the water level. A monument reminds us of the darker side of history, including SS barracks and an outpost of a concentration camp.

From Radolfzell, it is a stone's throw to the Mettnau peninsula, where Schloss Scheffel and the Max Planck Institute for Ornithology in Schloss Möggingen are worth a visit. Mettnau is a bird paradise, a resting and nesting location for thousands of birds and one of Germany's oldest nature reserves. There are also refuges for people here too. Mettnau is known as a centre of motion therapy, with clinics for health and rehabilitation programmes. Where the Bodanrück transitions into the Überlinger See, we find the double parish of Bodman-Ludwigshafen. Bodman, one of the oldest settlements by the lake, was a palatinate of the Carolingians and the Staufers. The ruins of Altbodman Castle, the treasure of the Frauenberg with pilgrimage chapel, located outside the village, and the palace of the Counts of Bodman are all reminders of the former significance. The numerous settlements of stilted houses found between Bodman and Ludwigshafen are a UNESCO World Heritage Site and served as a template for the construction of two extraordinary World Heritage stilt playgrounds. In addition, the impressive customs house in Ludwigshafen from the days of the Grand Duchy of Baden is worth a visit.

The Marienschlucht is located deeply cut into the Bodanrück and nestling in the forest between Bodman and Waldhausen. It is accessible via a wooden walkway and, above it, the Hofgut Bodenwald is a popular excursion destination which is worth the steep climb.

Überlingen and Surrounding Area

Now, we pass Sipplingen, notable not only for the Lake Constance waterworks on the hill but also for the pretty village centre in the valley. Further along the route is the Goldbacher Stollen, which 800 prisoners of the Aufkirch concentration camp outpost had to carve out of the rock in 1944. There, the Nazis were able to continue their production of armaments protected against air raids. We then reach Überlingen and its 23,000 inhabitants. Passing the thermal baths, beach bathing area, lakeshore promenade with arboretum and garden show site and the terraces of the Stadtgarten with the botanically unusual outdoor cactus collection, we reach the centre of the former Free Imperial City. In the historic core of the town, enclosed by a ring of ditches and walls, is the largest Gothic church by Lake Constance: The Minster of St Nicholas, a five-naved basilica erected between 1350 and 1576 and with the ten metre-high and five metre-wide carved altar by Jörg Zürns. Further notable cultural monuments can also be found in the old town as it spreads up the hill: The Renaissance town hall, Patrician house of Gunzoburg, Baroque Franziskanerkirche (Fransiscan Church) and the Reichlin-von-Meldegg-Haus.

The view from the lake is dominated by the Late Baroque/Early Classical former Greth warehouse and the fine arsenal building with its stepped gable. At the heart of the landing stage area is Peter Lenk's sculpture "Der Bodenseereiter" (The Rider of Lake Constance): The grim-looking writer Martin Walser is dressed in skates and seated on a reluctant horse, supported by naked mermaids in the fountain.

The Area around Uhldingen and Meersburg

Passing Martin Walser's home of Nussdorf and the vineyards of the Margrave of Baden, we travel uphill to the pilgrimage chapel of Birnau. Like a mother hen, the Baroque basilica, erected in the mid-18th century by the master builder from the Vorarlberg, Peter Thumb, sits high above the lake. With its clearly structured facade, it fits perfectly into the landscape. The best-known figure in the Rococo interior, beguilingly decorated by Joseph Anton Feuchtmayer, is the "Honigschlecker" (Honey Licker), a putto enjoying a treat from a beehive. Below Birnau, on the shore of the lake, is Schloss Maurach. The former farm of Salem Monastery is now a conference hotel and further training centre. Our next port of call is Uhldingen. There, the open-air archaeological museum visited by 300,000 people a year and offering building reconstructions and archaeological finds from the Neolithic and Bronze Ages, presents the impressive forms of settlements in the shallow water zone of the lake. They have been part of the UNESCO World Heritage Site "Prehistoric Pile Dwellings Around The Alps" since 2011. We next come to Meersburg, which is home to one of Germany's oldest castles, the Prince-Bishoply Baroque residence of the Neues Schloss Meersburg and countless museums. The old town is an epitome of German Romantic style. Above it is the Fürstenhäusle, a vineyard house, which the authoress Annette von Droste-Hülshoff used as a retreat from 1843 onwards. With a view of the Alpine panorama, she wrote her poem "Der Säntis": "O du mein ernst gewalt'ger Greis, / Mein Säntis mit der Locke weiß! / In Felsenblöcke eingemauert, / Von Schneegestöber überschauert ..." ("Oh my truly mighty old man / My Säntis with the white tresses! Immured in blocks of stone / Showered by snow ...)

The pilgrimage church of Birnau stands surrounded by vineyards between the Margravial farm of Birnauer Oberhof on the hill and former farm of Salem, Schloss Maurach, by the lake, nowadays used as a conference centre.

Hagnau with the parish church of St John the Baptist, with the former Weingartener Klosterhof in front of it, now home to the municipal administration and a museum.

Friedrichshafen and Surrounding Area

Heading for Friedrichshafen, we pass through tranquil Hagnau, where the writer and priest Heinrich Hansjakob founded the oldest wine-growing co-operative in Baden in 1881. A Romanesque jewel can be found in the village of Frenkenbach: The Chapel of St Oswald and St Otmar, built from boulders in the 12th century, locally known as the "Frenkenbach Minster". Between Hagnau and Meersburg, there is a viticulture trail with a fine view of the lake, Schloss Kirchberg and Immenstaad with its yachting marina. Now, we leave the section of the lake belonging to Baden and enter Württemberg territory. Friedrichshafen, second largest city on the lake and home to 60,000 inhabitants, was created in 1811 from the former Free Imperial City of Buchhorn and the monastic parish of Hofen and was named after King Frederick 1st. The most important structure, the Baroque monastery complex of Hofen, built by Christian Thumb between 1695 and 1702, was remodelled into a palace by Giovanni Salucci between 1823 and 1830, and was used by the royal family of Württemberg as a summer residence. In turn, the Württembergers made the town into a trading centre and free port and drove developments in shipping and industry and forward. Entrepreneur par excellences were the airship builder Count Ferdinand von Zeppelin and the brilliant engineer Claude Dornier, who designed airships and flying boats here. However, Friedrichshafen was also a key location for the Nazi armaments industry and lay in ruins after eleven bombing raids. Zeppelin and Dornier still exist and have pulled in global companies such as ZF and MTU. In the Zeppelin University, the city has a renowned private college and also hosts trade fairs such as Aero or Interboot. Impressive museums present their collections in the "Häfler" city: The Zeppelin Museum in the buildings of the former harbour station, the Dornier Museum next to the airport (where the aircraft Landshut, kidnapped by Palestinian hostage-takers in 1977, was to be exhibited), as well as the school museum in the Villa von Riss. Friedrichshafen can also score through its volleyball team, which have won their stars in the German national league and the Champions League. Anyone wanting relaxation after a dynamic game should visit the lengthy lakeshore promenade with the Graf-Zeppelin-Haus cultural and congress centre. After Friedrichshafen, we pass the large nature reserve at Eriskirch, where a tour through the marshes is particularly recommended to see the iris blossom, as is a detour to two historical covered wooden bridges. We next come to Langenargen, where Schloss Montfort is located on a peninsula jutting out into the lake and was built in the Moorish style by King William 1st in 1866. Between Langenargen and Hofen, our eye ise caught by an industrial cultural monument from the end of the 19th century. One of the oldest cable-stay bridges in Germany crosses the little Argen River. On the borders of Württemberg is Kressbronn, which is not only known for the moated Schloss Giessen, its boatyard and the EADS/Airbus location, but also for the "Kressbronner Kreis". This was a kind of coalition committee invited by the then German Chancellor, Kurt-Georg Kiesinger, to his holidaying location by the lake and included politicians such as Willy Brandt, Franz Josef Strauss and Helmut Schmidt.

The 2.3 hectare Wasserburg peninsula with palace, Church of St George and harbour.

The German Shores with Bavaria

Lindau and Surrounding Area

At Nonnenhorn, we enter Bavaria. Whether the name comes from the typical horn shape of the peninsula, nuns who lived there or the Celtic tribe of the Naunes, is unclear. By contrast, there is no confusion regarding the date the oldest wine press by the lake, a so-called "Torkel", was set up: 1591. Neighbouring Wasserburg, with its Church of St George, which can be seen from far away, is located on of the lake's large peninsulas, such as the Rhine Delta, Höri, Bodanrück and Mettnau. In 1720, the Fugger family connected the then island with the mainland and there is a monument on the lakeshore to the writer Horst Wolfram Geissler, who was buried in Wasserburg, and his book "Der liebe Augustin". Via the spa of Bad Schachen, we reach Lindau, whose complete "Island Town" is protected. The former Free Imperial City, with its spacious pedestrian precincts in Maximilianstrasse and picturesque lanes, such as Zitronengasse, offers a wealth of attractions: Patrician houses with richly decorated facades, such as the Haus Zum Cavazzen, today the town museum, the 20 metre-high Mangturm with its shining roof, the opulently painted town hall with stepped gable and the Church of St Peter with the Early Gothic frescoes of the "Lindau Passion", ascribed to Hans Holbein the Elder. One tourist attraction is the harbour with the old and new lighthouses and the harbour wall, where the Bavarian lion watches over the entrance. Whilst rulers from all over Germany met in Lindau in 1496/1497 for the Imperial Diet, it is now Nobel Prize winners and psychotherapists who meet here to exchange their thoughts. And anyone wanting to be a bit less serious can try their luck in the casino.

With its three-storey, four-winged complex, the Neues Schloss of the Counts of Montfort in Tettnang, built in the 16th/17th century, is a pearl of Upper Swabian Baroque.

Excursions into the German-Side Surroundings

Before we switch to the Austrian and Swiss sides, here are some tips for enjoyable excursions into the hinterland: The former Imperial Cities of Wangen and Isny, with their Baroque churches, impressive gateways and fine patrician houses and town halls, are definitely worth a visit. Tettnang is known for its hops, which, as "green gold" give beer aroma and bitterness, and for its Neues Schloss of the Counts of Montfort in the style of the Late Baroque age, and is also a key stop on the Upper Swabian Baroque Road. Through their palaces and castles, the stewards and rulers of the Zeil and Wolfegg branches of the Waldburg dynasty, whose ancestor "Bauerjörg" enjoyed a formidable reputation during the Peasants' War, have left landmarks visible for miles around behind and set feudal signals of their power. Ravensburg was once the seat of the Europe-wide Große Ravensburger Handelsgesellschaft (Great Ravensburg Trading Company), of whose prosperity structures like the weighhouse and corn store, gates like the Frauentor and towers like the Mehlsack remind us. The late-medieval residence of the Humpis merchants has become an informative museum of history. The art museum in the heart of the historic old town is an architectural highlight and plays host to temporary exhibitions and the impressive Selinka Collection. Of course, the toy museum is a must for visitors of all ages. In neighbouring Weingarten, the huge Benedictine monastery with its basilica is often compared to the Escorial and St Peter's Cathedral in Rome. From here, it's worth travelling along the Upper Swabian Baroque Road with its fine churches, such as the village church of Steinhausen – a little piece of heaven on earth. Anyone wanting something more introspective would do well to explore the

Deggenhausen Valley by the Höchsten Ridge on foot or by bike. From the Renaissance palace in Heiligenberg, one can get an amazing view of the Alps. The palace was built by the Lords of Fürstenberg on a promontory as a siege castle. The huge Rittersaal (Knights' Room) is famous for housing one of the most beautiful carved wooden ceilings in Southern Germany. Markdorf, once the summer residence of the Bishops of Konstanz, offers surprises with its historic old town, Hexenturm (Witches' Tower) and palace. Taking its name from Jeru-Salem is Salem, at which the Cistercians built a monastery in 1137/1138, which was turned into an Imperial Abbey and was subject directly to the Holy See. Today, the extensive ensemble with its High Gothic minster is owned by the House of Baden. In 1920, the reformist academic Kurt Hahn founded a boarding school, which, with its elite schools and international colleges on the Härlen Campus and in Schloss Spetzgard, enjoys a global reputation. Of course, one must also not forget to make a detour to the Tierpark Affenberg, with its 20 hectare outdoor enclosure for 200 Barbary apes, as well as the shelter for a colony of freely flying storks, who nest here or travel southward. Stockach is well known for the "Hohe Grobgünstige Narrengericht", in front of which famous people are called during the Alemannic "Fasnacht" (carnival) and who are sentenced to buckets of wine as a punishment. The Hegau region at the western end of Lake Constance can be seen from afar thanks to its impressive range of cones of extinct volcanoes, such as the Hohentwiel with ruined fortress and the highest vineyard, or the ruined castles of Hohenkrähen and Hohenstoffeln.

Page 46
A causeway, built in 1838, travels through the Wollmatinger Ried to the island of Reichenau and can get flooded.

Page 47
Poplars line the 1,300 metre-long avenue of the Reichenauer Damm, open to pedestrians and cars and the starting point of the 2,900 km-long Deutsche Alleenstrasse (German Avenue Road).

Page 48
View over Reichenau Island to the majestic Alpine chain.

Page 49
Clearly visible against the light are the greenhouses and growing areas for fruit and vegetables on Reichenau Island.

Page 50
The Minster of St Mary & Mark in Reichenau-Mittelzell with the Herrenbrücke yachting marina.

Page 51
The columned basilica of St Peter and Paul in Niederzell at the western end of Reichenau Island.

Page 52
In its crypt, the oldest church on Reichenau, St George in Oberzell, houses the head of St George and is renowned for the wall paintings from the 9th/10th century.

Page 53
Reichenau is located in waters in front of the Wollmatinger Ried and Konstanz as if connected by an umbilical cord.

Page 58
The courtyard of Schloss Mainau also offers a fine backdrop and airy resonance chamber for concerts.

Page 59
Mainau with its glasshouses in all the colours of autumn.

Page 60
In front of the landing stages and three-winged complex of Schloss Mainau, palmhouses, green terraces, water staircases and groups of trees come together in a landscape park.

Page 61
Mainau lit up: The island was once the property of the Teutonic Order, attested to by the Baroque palace and church, built according to the designs of Johann Caspar Bagnato.

Page 64
Where the Seerhein near Konstanz flows into the Untersee near the causeway to Reichenau we can find the protected bird island of Triboldingerbohl.

Page 65
The three Werd Islands in the western part of the Untersee – the largest, with the Franciscan monastery building on it, can be reached via a wooden bridge from Eschenz.

Page 70
Peter Lenk's ten metre-high Council courtisane Imperia, with her plunging neckline and turning on her own axis, has been the landmark of Konstanz harbour since 1993. In her hands, she carries a tiny Pope and Emperor.

Page 71
The Schnetztor (rear side with half-timbered facade), built in the 14th century, was a part of Konstanz's medieval city fortifications.

Page 72
Important ferry connections travel across the lake from Konstanz's ferry port in Staad.

Page 73
The Council building by Konstanz harbour was erected in the 14th century as a warehouse. In the massive stone building with hipped roof, the conclave elected Pope Martin V in 1417.

Page 74
The University of Konstanz was founded on the Giessberg in the suburb of Egg in 1966 as a "reform university" and is now a centre of academic excellence in Germany.

Page 75
The Dominikanerinsel in Konstanz is separated from the old city by the city moat. In the 13th century, the Dominican monks erected a monastery here, in which the mystic and poet Heinrich Suso lived as a monk, and in which the reformer Jan Hus was locked up during the Council. Today, the 1.8-hectare site is home to a hotel.

Page 81
During the breeding season, the far end of the Mettnau peninsula is closed off as an intermediate stop for migrating birds.

Page 82
Radolfzell with its late-Gothic, 15th century Münster Unserer Lieben Frau (Minster of Our Dear Lady) and the modern Wäschbruck sports boat harbour.

Page 83
The Schmieder Clinics in Allensbach specialise in neurological treatment and rehabilitation.

Page 84
In the Hermann Albrecht Clinic, adjacent to the nature and bird reserves on Mettnau, patients with, amongst other things, heart and circulatory problems and burnout are treated.

Page 85
The Werner Messmer Clinic, located in a park on the Mettnau, deals with medical and cardiological prevention and rehabilitation and subsequent treatments.

Page 86
In 1892, the Barmherzigen Schwestern vom Heiligen Kreuz (Sisters of Mercy of the Holy Cross) took over the 16th century Schloss Hegne near Allensbach and set up a monastery there, which now contains care and educational facilities, whilst a conference centre and hotel invite guests to reflection and introspection.

Page 87
The small Baroque palace built in the Allensbach suburb of Freudental around 1700 can be rented for events and conferences.

Page 92
The ruins of Altbodman Castle from the High Middle Ages on a spur above the Marienschlucht.

Page 93
In the past, border checks were carried out here. Today, the Main Customs Office of the Grand Duchy of Baden in Bodman-Ludwigshafen is the seat of the municipal administration, an event centre and restaurant.

Page 94
Bodman-Ludwigshafen with customs house, hotels and harbour with landing stage.

Page 95
Sipplingen on the Überlinger See below the folded hill landscape, on whose plateau the Bodensee-Wasserversorgung (Lake Constance Water Supply Company) is located.

Page 96
The large treatment works of the Bodensee-Wasserversorgung in mists and dew on the Sipplinger Berg. It was built in 1954 to cover water requirements on the Swabian Jura and Stuttgart metropolitan area.

Page 97
Water for around four million inhabitants of Baden-Württemberg from the lake: 149 communes and 34 special purpose associations obtain their drinking water via the long-distance water supply.

Page 98
Überlingen with the St Nicholas' Minster and the old town sloping up the hill plus the landing stage and the Greth by the lake.

Page 99
The site of the Überlingen State Garden Show runs along the lake shore as far as Goldbach, the location of the Silvesterkapelle (Chapel of St Sylvester), built around 840 and one of the oldest remaining church buildings in the Lake Constance region. It offers beautiful Carolinigian wall paintings.

Page 100
The history of the Greth goes back to the 14th century: In 1788, the Master Builder of the Teutonic Order, Franz Anton Bagnato, rebuilt the Überlingen warehouse and trading point, which dominates the lake shore, in the late-Baroque, early-Classical style. Today, its mighty hipped roof houses a market hall, restaurants and a cinema.

Page 101
Next to the Überlinger Therme is the beach with sunbathing lawn and lake access.

Page 106
The Vorarlberg master builder, Peter Thumb, built the richly decorated Baroque basilica of Birnau, which houses frescoes, stucco and sculptures and which sits above the lake like a mother hen, between 1746 and 1749 for the Imperial Abbey of Salem.

Page 107
The open-air archaeological museum in Uhldingen-Mühlhofen, which is visited annually by 300,000 people, presents reconstructions of stilt buildings from the Stone and Bronze Ages, whilst the nearby pile dwelling area „Unteruhldinger Seewiesen" has been a UNESCO World Heritage Site since 2011.

Page 108
Busy shipping at the Unteruhldingen landing stage, with the sporting marina on the right.

Page 109
View over the historic old town to Meersburg Harbour, where a passenger ship reverses away from the quayside, in order to travel in a curve out onto the lake.

Page 110
The former Prince-Bishoply residential city of Meersburg, with the Alte Burg (Old Castle) (on the left), which dates back to the 7th century, the Neues Schloss from 1712 (to the right of that), as well as the fine seminary, outbuildings and stables, are situated in a fine location above the lower town and the harbour.

Page 111
Docking in the (Bundesbahnhafen) (Railway Harbour) in the lower town of Meersburg, where the youth music school is now housed in the red Grethaus, which was built in 1505 as a grain and goods' store.

Page 112
Meersburg as a winter wonderland: Snow covers the silhouette with the Old Town, harbour and castle at sunset.

Page 113
The beach at Meersburg, with the thermal baths alongside, housing a sauna and wellness area.

Page 119
Above the spotlight in the lake are the vineyards of Hagnau, where the oldest winegrowing co-operative in Baden was founded in 1881.

Page 120
Immenstaad is one of the locations of the defence and space travel company Airbus Defence and Space.

Page 121
Shore leave at the quay in Immenstaad. From there, it is possible to travel on the lake with the merchant vessel "St. Jodok" (on the right), a 17 metre-long reconstruction of a freight ship.

Page 122
Hail protection nets are becoming ever more important during the era of climate change: Schloss Kirchberg is located near in the middle of vineyards near Immenstaad. It was once a manor and secondary residence of the Abbots of Salem.

Page 123
The new Württemberg lords had the Baroque monastery ensemble of Hofen rebuilt in 1824 to turn it into Schloss Friedrichshafen, which they lived in as their summer residence, to signify their presence by the lake.

Page 124
Busy Friedrichshafen with the Church of St Nicholas (front middle), the harbour wall with the Bauhaus-style Zeppelin Museum in the former harbour station, the lake station and ferry harbour (right).

Page 125
The outdoor swimming pool in Friedrichshafen, where guests can paddle on the beach or dare to jump in the deeper waters from a diving board.

Page 126
The plant of ZF Friedrichshafen, one of the world's largest suppliers to the car industry, currently with almost 15,000 employees.

Page 127
The Graf-Zeppelin-Haus, named after the legendary airship builder, is a cultural and events' centre on the lakeside promenade in Friedrichshafen.

Page 128
The halls of Friedrichshafen trade fair, which play host to exhibitions such as "Aero" or "Interboot", are in a great location, by the runway of Lake Constance Airport.

Page 129
The Dornier Museum at Friedrichshafen Airport reminds us of the ingenious aircraft constructor Claude Dornier: Around 400 exhibits can be seen on the 6,000 square metres, including original aircraft and reconstructions, as well as exhibits from aerospace.

Page 130
The catamaran, which travels hourly between Friedrichshafen and Konstanz passes the harbour wall tower at the entrance to the harbour, whose 23 metre-high viewing platform can be reached by a steel spiral staircase.

Page 131
The Lake Campus, one of the two locations of Zeppelin University, founded in 2003 and organised privately and recognised by the state.

Page 132
The silent lake: The autumn sees a lot of fog, which covers the surface of the water. However, above the curtain of mist, we get a view from Friedrichshafen to the Säntis.

Page 133
Langenargen is located on a peninsula stretching into the lake. The tributaries Argen and Schussen flow into the lake here.

Page 134
King William 1st had the Moorish Schloss Montfort built as a maison de plaisance on a peninsula in front of Langenargen in 1866.

Page 135
Between Langenargen and Hofen, the cable stay bridge inaugurated in 1897 stretches 72 metres across the Argen.

Page 136
Sleeping by the harbour: After its insolvency, the traditional Bodan boatyard in Kressbronn was turned into modern housing units, including in two of the protected halls.

Page 137
The Ultramin-Marina watersports centre in Kressbronn-Gohren offers 200,000 square metres of harbour space and 1,400 berths for sailing boats and yachts.

Page 143
Wind-blown timber collects in the lake near Wasserburg.

Page 144
From Lindau and the island of its old town, the view stretches past Bregenz and its Rhine Delta to the wonderful world of mountains.

Page 145
A ship approaches Lindau harbour in shining sunlight.

Page 146
Lindau's harbour opens up fringed by the lighthouse and the Bavarian lion. The 20 metre-high Mangturm was constructed for its „protection and defence", according to its inscription.

Page 147
The rails snake like veins over the embankment as a station and sidings' complex (on the left), whilst drivers and pedestrians can reach the old town via the 150 metre-long new Seebrücke (on the right). In the old town, the Protestant church of St Stephen and the Catholic Münster Unserer Lieben Frau (Minster of Our Dear Lady) stand peacefully next to one another.

Page 153
Hop gardens near Tettnang, in which the "green gold" winds up high poles and, after harvesting, gives its fine aroma to beer and is esteemed by brewers all over the world.

Page 154
Heiligenberg is located on a rocky outcrop. The former castle was converted into a Renaissance palace by the Counts of Fürstenberg in 1575.

Page 155
The important market village of Markdorf with the Catholic parish church of St Nicholas, which dominates the skyline.

Page 156
The Salem International College on the Campus Härlen is one of the three locations of the Schloss Salem boarding school, which was founded in 1920 by the reformist educator Kurt Hahn.

Page 157
Splendour and power, wealth and cultural treasure: Salem, with the former Cistercian Imperial Abbey founded in 1137/1138, Gothic minster and expansive palace complex, became the property of the Margraves of Baden in 1802 during secularisation.

Page 158
Schloss Langenstein in the Hegau is the property of the noble Douglas family. Besides a golf and country club, it is also home to a carnival museum.

Page 159
Where apes race through the forest: The 20-hectare outdoor enclosure of the Tierpark Affenberg is home to some 200 Barbary apes. In addition, storks use it as a stopover point before journeying south.

Page 160
Hohentwiel Castle near Singen, located on the top of a 686 metre-high extinct volcanic cone, was once a part of the Württemberg state fortifications. It was taken by the French in 1799 and razed in 1801.

Page 161
One of the characteristic volcanic cones of the Hegau by the A 81: The Hohenkrähen (644 metres above Sea level) was already inhabited in the Neolithic Age. The 12th century castle was destroyed in the Thirty Years' War, and the outer bailey is now a centre for scouts.

Die österreichische Uferseite mit Vorarlberg

Der Hafen von Bregenz im Vordergrund und die neugotische Kirche Herz Jesu im Hintergrund.

Bregenz und Umgebung

Wir überqueren die Grenze zu Österreich. Bei Lochau erinnern die Burgruine Alt-Hofen und das Renaissanceschloss Hofen, heute Zentrum für Wissenschaft, Aus- und Weiterbildung, an die Herrscherfamilie von Raitenau. Von Lochau aus führt eine kurvenreiche Bergstraße zum Pfänder, der auch mit der Kabinenseilbahn von Bregenz aus erreichbar ist. Bei klarem Wetter reicht der einmalige Panoramablick von 1 064 Metern Höhe weit hinaus in die Allgäuer und Lechtaler Alpen, zum Bregenzerwald und Arlberg, zur Silvretta und zum Rätikon, nach Oberschwaben, in den Schwarzwald und natürlich auf das Rheintal und den Bodensee. Zu Füßen des Bergmassivs liegt die Vorarlberger Landeshauptstadt Bregenz mit knapp 30 000 Einwohnern in die Bodenseebucht eingebettet. Eine frühe Siedlung am Fuß des Gebhardsbergs, auf dem die Burgruine Hohenbregenz thront, gab es bereits in der Bronzezeit. Bregenz mit moderner Unterstadt und mittelalterlich anmutender Oberstadt bietet eine Fülle historischer Bauwerke: Das Wahrzeichen der Stadt, der wuchtige Martinsturm mit Loggia und Arkaden, die St. Gallus-Kirche, Johannes-Nepomuk- und Seekapelle, das Siechenhaus, das Alte Rathaus, das Traditionsgasthaus Zum Kornmesser, das Deuring Schlössle aus dem 17. Jahrhundert, die Klöster Marienberg in der Villa Raczyński, Riedenburg und Thalbach sowie die Zisterzienserabtei Wettingen-Mehrerau. Zugleich ist Bregenz bekannt für zeitgenössische Architektur: Der Schweizer Peter Zumthor wurde für sein Kunsthaus mit dem Mies-van-der-Rohe-Preis ausgezeichnet; auch im Umland stehen Zumthors bemerkenswerte Bauten, etwa die Schwarze Halle in Andelsbuch. In Bregenz hat zudem das Vorarlberg Museum von Andreas Cukrowicz und Anton Nachbaur herausragende Qualität. Ein Magnet weit über die Region hinaus sind die Bregenzer Festspiele mit der weltweit größten Seebühne. Dort finden 7 000 Zuschauer bei Opernaufführungen Platz, unter den im zweijährigen Turnus wechselnden Inszenierungen waren in den vergangenen Jahren Verdis „Rigoletto" und Bizets „Carmen". Spektakulär sind auch die überdimensionalen, aufwendigen Bühnenbilder. Um die 200 000 Menschen besuchen das Gesamtprogramm und weitere Spielstätten, etwa Konzerte im Festspielhaus. Im Hinterland liegt Dornbirn mit fast 50 000 Einwohnern. Die Stadt verfügt über bemerkenswerte historische und moderne Bauten wie das Rote Haus und das Schlossguggerhaus. Von Dornbirn aus erstrecken sich die Naturschutzgebiete der Riedflächen ins Rheindelta. Mit dem Zufluss Bregenzer Aach und der Verlandungszone zwischen Altem Rhein und Rheinkanal bei St. Margarethen im Kanton St. Gallen, mit markanten Punkten wie Rheinspitz und Rohrspitz fächert sich die Flusslandschaft vielfältig auf. Der Rhein bildet die Grenze zwischen Österreich und der Schweiz, er teilt und verbindet die beiden Länder zugleich.

Zu Füßen der Burgruine Gebhardsberg mit Barockkapelle und Ausflugslokal liegt die Vorarlberger Landeshauptstadt Bregenz mit knapp 30 000 Einwohnern an der Bodenseebucht.

Als Wahrzeichen erhebt sich der 1 064 Meter hohe Pfänder über Bregenz.

Autoschlangen verschwinden unter dem Deckel: Der Pfändertunnel mit seinen über sechs Kilometer langen Röhren unterquert den Pfänder, ermöglicht die Umfahrung von Bregenz und bildet die Autobahnverbindung zwischen der deutschen A 96 und der österreichischen A 14.

Die Sendeanlage auf dem Pfänder mit ihrem weithin sichtbaren rot-weißen Mast unterstützt die Übertragung von Rundfunk-, Fernsehprogrammen und Fernsprechverkehr.

Eine Seilbahn verbindet binnen sechs Minuten die Talstation auf 419 Metern mit der Bergstation an der Pfänderspitze auf 1 022 Metern.

Das Areal der Bregenzer Festspiele mit dem Festspielhaus für knapp 1 700 Besucher und der ins Wasser ragenden Seebühne mit Sitzplätzen für rund 7 000 Zuschauer, die dort Opernproduktionen sehen können.

Die Bregenzer Kulturmeile am See: Den leuchtenden Mittelpunkt bildet der gläserne Kubus des von Peter Zumthor entworfenen zeitgenössischen Kunsthauses Bregenz, gerahmt von der Alten Post mit Ausstellungsräumen (links), dem Vorarlberger Landestheater und dem Vorarlberg Museum mit seiner kunst- und kulturgeschichtlichen Sammlung (rechts).

Schloss Hofen bei Lochau mit Renaissancebauten aus dem 16. Jahrhundert ist heute ein Zentrum für Wissenschaft, Aus- und Weiterbildung.

Die Landesbibliothek Vorarlberg in den Gebäuden eines ehemaligen Klosters und Schlosses bei Bregenz birgt unter einem schönen Kuppelsaal vor allem landeskundliche Bestände.

Das Hotel Fritsch am Berg in Lochau, mit traumhaftem Blick über den Bodensee, bietet neben dem Restaurantbesuch auch Übernachtungs- und Wellnessmöglichkeiten.

The Austrian Side with the Vorarlberg

The harbour by the Bregenz cultural district.

The state capital of the Vorarlberg, Bregenz, has around 30,000 inhabitants and is located by a bay in Lake Constance and at the feet of the ruins of Gebhardsberg Castle with its Baroque chapel, a popular excursion destination.

Bregenz and Surrounding Area

Let's cross the border into Austria. At Lochau, the ruins of Alt-Hofen Castle and the Renaissance Schloss Hofen, today a centre for science, further and higher education, remind us of the former ruling family, the von Raitenaus. From Lochau, a winding mountain road leads up to the Pfänder, which can also be reached from Bregenz by cable car. On a clear day, the unique panoramic view from a height of 1064 metres reaches deep into the Allgäu and Lechtal Alps, to the Bregenzerwald and the Arlberg, to the Silvretta and Rätikon, into Upper Swabia, the Black Forest and, of course, the Rhine Valley and Lake Constance.

At the foot of the range is the capital of Vorarlberg, Bregenz, with its around 30,000 inhabitants and which is embedded in the bay of Lake Constance. There was even a Bronze Age early settlement on the Gebhardsberg, upon which the ruins of Hohenbregenz Castle sit. With its modern lower town and medieval-looking upper town, Bregenz can offer a wealth of historical buildings. The symbol of the town, the imposing Martinsturm (Martin's Tower) with its loggia and arcades, the St. Gallus-Kirche (Church of St Gallus), Johannes-Nepomuk- und Seekapelle (Johannes Nepomuk and Lake Chapel), the Siechenhaus, the Altes Rathaus (Old Town Hall), the traditional restaurant Zum Kornmesser, the 17th century Deuring Schlössle, the monasteries of Marienberg in Villa Raczyński, Riedenburg and Thalbach, as well as the Cistercian abbey of Wettingen-Mehrerau. At the same time, Bregenz is known for its contemporary architecture: The Swiss Peter Zumthor was awarded the Mies van der Rohe Prize for his Kunsthaus and Zumthor's impressive structures can also be found in the surrounding area, such as the Schwarze Halle (Black Hall) in Andelsbuch. Also, Bregenz is also home to the amazing qualities of the Vorarlberg Museum of Andreas Cukrowicz and Anton Nachbau. A magnet for people from well beyond the region's borders are the Bregenzer Festspiele on the world's largest stage on water. There is space for an audience of 7,000 during opera performances. The biennial event includes changing productions, including Verdi's "Rigoletto" and Bizet's "Carmen". The oversized, complex sets are spectacular. Around 200,000 people attend the festival, both there and in other locations, such as concerts in the Festspielhaus. Beyond the town is Dornbirn, which is home to almost 50,000 people. The town offers notable historical and modern buildings, such as the Rotes Haus (Red House) and the Schlossguggerhaus. From Dornbirn, the protected marshland areas run into the Rhine Delta. The river landscape spreads out with the tributary Bregenzer Aach and the landing area between the Old Rhine and the Rhine Canal near St. Margarethen in the canton of St. Gallen, with notable points such as the Rheinspitz and Rohrspitz. The Rhine forms the border between Austria and Switzerland – it both connects and separates both countries.

Page 203
A landmark is the 1064 metre-high Pfänder, which looms over Bregenz.

Page 204
Lines of cars vanish under the lid: The six kilometre-long Pfändertunnel travels under the Pfänder, allows Bregenz to be by-passed and forms the motorway connection between the A 96 in Germany and the A 14 in Austria.

Page 205
The transmission station on the Pfänder, whose red and white tower can be seen from far away, supports the transmission of radio and television programmes and telephony.

Page 206
A cable car takes six minutes to travel the 419 metres from the lower station to the upper station, situated on top of the Pfänder at a height of 1022 metres.

Page 207
The venue of the Bregenzer Festspiele with the Festspielhaus for around 1,700 visitors and the lake stage jutting out into the water, with seats for some 7,000 spectators, who can watch operatic productions there.

Page 208
The Bregenz cultural district by the lake: The shining core is the glazed cube of the Kunsthaus Bregenz, a contemporary design by Peter Zumthor, framed by the Alte Post with its exhibition rooms (left), the Vorarlberger Landestheater (State Theatre of the Vorarlberg) and the Vorarlberg Museum with its artistic and cultural collection (right).

Page 209
Schloss Hofen near Lochau, with its 16th century Renaissance buildings, is now a centre for science, further and higher education.

Page 210
The beautiful domed room of the Vorarlberg State Library in the buildings of a former monastery and palace near Bregenz primarily houses local history topics.

Page 211
The Hotel Fritsch am Berg in Lochau, with a breathtaking view of Lake Constance, offers both a restaurant and accommodation and wellness facilities.

Die Schweizer Uferseite mit den Kantonen St. Gallen, Thurgau und Schaffhausen

Das Wasserspiel an der Uferpromenade ist eines der Wahrzeichen von Rorschach, 25 Meter hoch schießt die Fontäne aus dem See.

St. Gallen und Umgebung

Von Österreich aus geht es über das Mineralheilbad St. Margarethen mit seiner alten Kirche St. Margaretha, Schloss Weinberg mit Weingut und Burgruine Grimmenstein nach Rorschach. Dort sind beim Hafenbahnhof das Erlebnismuseum im Kornhaus und am Ortsrand das ehemalige Kloster Mariaberg mit beeindruckendem gotischem Kreuzgang, heute Pädagogische Hochschule, sehenswert. Ein Blickfang ist das Würth Haus mit Kunstforum direkt am Seeufer. Das Museum mit seiner großen Sammlung zeigt wechselnde Ausstellungen, in die Grünanlage fügt sich ein Skulpturengarten ein. Und die einzigartige Badhütte von 1924 in der Seebadeanstalt lädt ebenfalls zur Muse ein.

St. Gallen liegt zwar ein paar Kilometer entfernt vom See, doch sein Einfluss auf den Bodenseeraum war und ist enorm. So wurde der Klosterplan der mächtigen, im 8. Jahrhundert entstandenen Benediktinerabtei, die ihren Kern in der Einsiedelei des irischen Wandermönchs Gallus hatte, zum Konzept für den Bau zahlreicher Klöster. Herzstück der weitläufigen Anlage mit der spätbarocken Stiftskirche St. Gallus und Otmar ist die weltberühmte, von Peter Thumb erbaute Stiftsbibliothek. In den mit Stuckaturen, Fresken und Intarsienböden kostbar ausgestatteten Räumen liegt ein unermesslicher Schatz: rund 170 000 Bücher, darunter über 2 100 Handschriften, von denen 400 älter als tausend Jahre sind sowie 1 650 Inkunabeln und Frühdrucke. Unter den wertvollen Bänden befinden sich eine Abschrift des Nibelungenlieds und Werke des Dichtergelehrten Notker der Stammler. Seit 1983 gehört die Bibliothek wie der gesamte Stiftsbezirk zum UNESCO-Weltkulturerbe. Die 75 000 Einwohner große Stadt bietet jedoch noch weitere Attraktionen: Die prachtvollen Altstadthäuser mit bemalten oder aus Holz geschnitzten Erkern sowie das mittelalterliche Karlstor bringen Besucher zum Staunen. Der zum Trocknen von Stoffen genutzte monumentale Tröcknetturm zeigt die einstige Bedeutung der Textilindustrie in der Ostschweiz. Die Eisenkonstruktionen der Ganggelibrugg genannten Haggenbrücke für Fußgänger und des Sitterviadukts für die Bahn sind höchste Schweizer Ingenieurskunst. Hinzu kommen kulturelle Anziehungspunkte wie Kunst- und Völkerkundemuseum. Und auf dem Rosenberg befindet sich eine weitere Einrichtung mit Weltruf: die Universität St. Gallen, Hochschule für Wirtschafts-, Rechts- und Sozialwissenschaften sowie Internationale Beziehungen (HSG).

Auf Stelzen im See steht die Rorschacher Badhütte von 1924, in der man nicht nur schwimmen und sonnenbaden, sondern auch speisen kann.

Das Zentrum von St. Gallen wird dominiert vom UNESCO-Weltkulturerbe der mächtigen, im 8. Jahrhundert entstandenen Benediktinerabtei mit der spätbarocken Stiftskirche St. Gallus und Otmar sowie der berühmten Stiftsbibliothek.

Über den Klosterbezirk hinaus bietet das vor dem Alpsteinmassiv gelegene St. Gallen mit seiner prachtvollen Altstadt und der grünen Umgebung weitere Anziehungspunkte.

Die talüberspannenden Viadukte für den Eisenbahn- und Autoverkehr in St. Gallen sind Ausdruck hoher Schweizer Konstruktionskunst.

Die Gegend zwischen Arbon und Stein am Rhein

In Arbon, von den Römern „Arbor felix" (glücklicher Baum) genannt, erreichen wir den Kanton Thurgau. Die Stadt mit ihrer drei Kilometer langen Seepromenade ist bestückt mit Sehenswürdigkeiten: Reste des Römerkastells, das markante Schloss mit Turm, Fischmarktplatz mit Brunnen, mit Fischerfresken prächtig geschmückte Häuserfassaden, mächtige Fachwerkgebäude wie das ehemalige Gasthaus Ochsen oder das Rote Haus, einst Leinwandhandelshaus. Wie überhaupt auf der Schweizer Seite auffällt, dass die historische Bausubstanz gut erhalten ist, da es keine Kriegszerstörungen und in den Altstädten kaum Abrisse für Neubauten gab. Auch Romanshorn kann Kulturgüter wie das traditionelle Gasthaus Zum Schiff oder die mittelalterliche paritätische Kirche vorweisen. Zentrale Bedeutung erlangte das einstige Fischerdorf dann als Bahnknotenpunkt und größter Hafen (mit Werft) am See; hier hat die Schweizerische Bodenseeschifffahrt (SBS) ihren Sitz. Die gemeinsam mit den Deutschen Bodensee-Schiffsbetrieben (BSB) in Konstanz betriebene Fährlinie verbindet Romanshorn und Friedrichshafen an der breitesten Stelle des Sees über 13 Kilometer Entfernung und 40 Minuten Fahrzeit. In Münsterlingen lohnt der Besuch des Barockklosters mit der von Franz Beer errichteten Kirche. Das Anwesen, der Legende nach 986 von einer Schwester des Abts von Einsiedeln für die Rettung aus Seenot gegründet, wird seit 1839 als Psychiatrische Klinik genutzt. Durch teils tödliche Medikamententests in den Jahren 1946–1980 kam die Einrichtung in Verruf, die Thurgauer Kantonsregierung ließ diese Vergangenheit kritisch aufarbeiten und entschuldigte sich bei den Opfern. Gemeinsam mit der deutschen Gemeinde Hagnau pflegt Münsterlingen den Brauch, bei Seegfrörne eine Holzbüste des heiligen Johannes übers Eis in die jeweilige Partnergemeinde zu tragen. 1963 fror der See zum letzten Mal vollständig zu. In Kreuzlingen besaß die Psychiatrische Klinik in der Villa des ehemaligen Sanatoriums Bellevue großes Renommee. Dort betreute der bei C. G. Jung promovierte Ludwig Binswanger der Jüngere prominente Patienten wie den Maler Ernst Ludwig Kirchner, den Schauspieler Gustav Gründgens, den Tänzer Vaslav Nijinsky oder den Kulturanthropologen Aby Warburg. Auch am Schweizer Seeufer stehen Reste alter Pfahlbaudörfer, ob aber diese Entdeckung damit zusammenhängt, ist unklar: Archäologen fanden bei Uttwil in der Flachwasserzone auf dem Seegrund rund 170 von Menschen geschaffene Steinhaufen vermutlich aus der Jungsteinzeit oder Bronzezeit. Noch geben diese „Hügeli" Rätsel auf, bisweilen ist vom „Stonehenge am Bodensee" die Rede. Das Schloss der Bischöfe von Konstanz in Gottlieben wurde für Jan Hus während des Konzils zum Gefängnis. In Ermatingen ist das reich bemalte Hotel Adler bemerkenswert, wo schon der Schriftsteller Alexandre Dumas der Ältere und andere berühmte Gäste aus Frankreich nächtigten. Das hängt mit dem in einzigartiger Aussichtslage thronenden, benachbarten Schloss Arenenberg zusammen, das Hortense de Beauharnais, Stieftochter und

Schwägerin von Napoleon I., 1816 als Exilsitz wählte. Hier residierte sie mit ihrem Sohn Prinz Louis, dem späteren und letzten Kaiser von Frankreich Napoleon III. Dessen Frau Eugénie de Montijo schenkte das Schlösschen 1906 dem Kanton Thurgau, der das Napoleon-Museum sowie den Landschaftspark mit Grotten, Wasserspielen, Pavillons und Eremitage bis heute unterhält. Wir gelangen in den Bereich des Untersees mit den hier Riegelhäuser genannten Fachwerkhäusern und einer Fülle weiterer geschichtsträchtiger Bauten in den früheren Fischerdörfern: Mannenbach mit Schloss Louisenberg und Wallfahrtskapelle St. Aloysius, Berlingen mit seinem als nationales Kulturgut geschützten Ortsbild. In Steckborn wurde 1128 das markante Wahrzeichen Turmhof erbaut. Das Schlösschen mit seinen spitzigen Türmen diente dem Abt des Klosters Reichenau als Sitz am Südufer und ist heute spannendes Museum. Über Schloss Glarisegg, 1774/1775 errichtet und heute Seminarhaus, kommen wir nach Mammern mit dem Schloss am See, mittlerweile Privatklinik mit wunderbarer Parkanlage. Und die strategische Bedeutung des Untersees demonstrieren Burgen wie Neuburg, Liebenfels und Freudenfels. Einen Abstecher lohnt das idyllische Appenzeller Hinterland mit seinen Käsereien, Wiesen und Alpen und dem sich darüber erhebenden gewaltigen Gebirgsstock des Säntis. Und gar nicht weit vom See entfernt liegt Winterthur mit seiner denkmalgeschützten Altstadt und einer beeindruckenden Museumsvielfalt: Fotomuseum, Technorama, die berühmte Sammlung Oskar Reinhart oder das Kunstmuseum – um nur einige zu nennen.

Die Römer schufen hier das Kastell Arbor Felix, heute wird das Ortsbild von Arbon vom Schloss mit seinem 33 Meter hohen, wuchtigen Wehrturm sowie Gebäuden mit Staffelgiebeln beherrscht.

Romanshorn hat den flächenmäßig größten Bodenseehafen mit Gleisanschluss und Bahnhof. Die gemeinsam von Deutschland und der Schweiz betriebene Fährlinie verbindet Romanshorn und Friedrichshafen an der breitesten Stelle des Sees.

Die auf Gefäßerkrankungen spezialisierte Venenklinik Kreuzlingen mit der Villa Parkhaus. Ganz in der Nähe steht die einstige psychiatrische Heilanstalt Sanatorium Bellevue, die auch berühmte Patienten wie den Schauspieler Gustav Gründgens behandelte.

Vor dem Campingplatz Fischerhaus Kreuzlingen dümpeln wie hingetupft bunte Boote im blauen Wasser.

Friedlich geborgen liegen Jachten und Boote im Kreuzlinger Hafen.

Zum zeitweiligen Exildomizil wurde Schloss Arenenberg für Hortense de Beauharnais und ihren Sohn Louis, den späteren Kaiser Napoleon III.

Berlingen am Südufer des Untersees mit seiner neugotischen Kirche und den als Kulturgut geschützten Riegelhäusern, wie hier die Fachwerkhäuser genannt werden.

Heitere Gefühle beim Anblick des Landes: Das Appenzeller Hinterland mit den in grüne Wiesen und Weiden eingestreuten Höfen und Käsereien.

„O du mein ernst gewalt'ger Greis, / Mein Säntis mit der Locke weiß! / In Felsenblöcke eingemauert, / Von Schneegestöber überschauert ...", so besang Annette von Droste-Hülshoff den mit 2 502 Metern höchsten Berg im mythenumflorten Ostschweizer Alpstein.

The Swiss Side with the Cantons of St. Gallen, Thurgau and Schaffhausen

Schloss Laufen by the Rhine Falls was first documented in the 9th century as the dynastic home of the eponymous barons. Today, it is the property of Zürich Canton and also offers restaurant facilities.

The Rorschach Bathing Hut, built in 1924, stands on stilts in the lake. It is not only possible to swim and sunbathe there, but also eat.

St. Gallen and Surrounding Area

From Austria, our route takes via the mineral spa of St Margarethen with its old St. Margaretha-Kirche (Church of St. Margaret), Schloss Weinberg with its vineyards and the ruins of Grimmenstein Castle, to Rorschach. There, by the harbour station, the Kornhaus Museum is worth seeing, along with the former Kloster Mariaberg (Mariaberg Monastery) on the edge of the town, with its fine Gothic cloisters and now an educational college. An eye-catcher is the Würth Haus with Art Forum directly on the lake shore. The museum, which is home to a large collection, presents changing exhibitions, whilst its park houses a sculpture garden. The unique bathing hut, dating back to 1924, in the lake resort is also worth seeing. St. Gallen may be a few kilometres away from the lake, but its influence on the Lake Constance region was and is enormous. The plan of mighty Benedictine abbey, built in the 8th century, whose core was the hermitage of the Irish itinerant monk Gallus, formed the concept for the construction of numerous monasteries. The heart of the extensive complex, with the late-Baroque collegiate church of St Gallus and Otmar, is the world-renowned college library, built by Peter Thumb. The fine rooms, exquisitely fitted out with stucco, frescoes and marquetry floors, are home to an invaluable treasure: Around 170,000 books, including over 2,100 manuscripts, of which 400 are more than one thousand years old, as well as 1,650 incunabulae and early printed books. The valuable tomes include a transcription of the Nibelungenlied and works by the poet Notker the Stammerer. The library, along with the entire collegiate area, has been a UNESCO World Heritage Site since 1983. However, the city of over 75,000 people offers further attractions: The fine houses of the old city, with their painted or carved alcoves, as well as the medieval Karlstor (Charles Gate), astound visitors. The monumental Tröckneturm (Drying Tower), used to dry fabrics, shows the former significance of the textiles industry in Eastern Switzerland. The iron structure of the Haggen Bridge (nicknamed Ganggelibrugg) for pedestrians and the Sitter Viaduct for trains are fine examples of Swiss engineering. There are also cultural attractions, such as the Art and Ethnological Museum. On the Rosenberg, one can find a further world-renowned institution: The University of St. Gallen, School of Management, Economics, Laws, Social Sciences and International Affairs (HSG).

The Romans erected the fort of Arbor Felix here. Today, the skyline of Arbon is dominated by the castle, with its mighty, 33 metre-high defensive tower, as well as buildings with stepped gables.

The Region between Arbon and Stein am Rhein

In Arbon, known to the Romans as "Arbor felix" (happy tree), we reach the canton of Thurgau. The town, with its three kilometre-long lakeside promenade, is dotted with attractions: Remains of a Roman fort, the imposing castle and tower, Fischmarktplatz (Fish Market) with its fountain, building facades richly decorated with fishing frescoes, mighty half-timbered buildings, such as the former Gasthaus Ochsen, or the Rotes Haus, once a place for trading painting canvasses. It is immediately visible everywhere on the Swiss side that historical buildings are well preserved, as there was no war damage and few buildings are pulled down in the old towns to make way for new structures. Romanshorn can also offer cultural treasures, such as the traditional Gasthaus Zum Schiff or the medieval shared church. The former fishing village then achieved central importance as a railway hub and largest harbour (with shipyard) on the lake. The Schweizerische Bodenseeschifffahrt (SBS) ferry company is located here. The ferry line, which is operated jointly with the Deutsche Bodensee-Schiffsbetrieben (BSB) in Konstanz, connects Romanshorn and Friedrichshafen at the widest point of the lake – a distance of 13 kilometres, covered in 40 minutes. In Münsterlingen, it is worth visiting the baroque monastery, with the church built by Franz Beer. The estate, which, according to legend, was founded in 986 by a sister of the Abbot of Einsiedeln in gratitude from being rescued at sea, has been used as a psychiatric clinic since 1839. The facility gained a bad reputation due to medical testing, sometimes lethal, in the years 1946 to 1980. The Thurgau cantonal government reappraised this situation and apologised to the victims. When the lake freezes, Münsterlingen, together with the German parish of Hagnau, has the tradition of carrying a wooden figure of St John over the ice to the other partner parish. The lake last froze completely in 1963. In Kreuzlingen, the psychiatric clinic in the villa of the former Bellevue Sanatorium enjoyed great renown. There, Ludwig Binswanger the Younger, who studied under C.G. Jung, treated famous patients such as the painter Ernst Ludwig Kirchner, the actor Gustav Gründgens, the dancer Vaslav Nijinsky or the cultural anthropologist Aby Warburg. The Swiss shoreline also possesses remains of old stilt villages, although whether the following discovery is connected to it is a mystery: On the floor of the flat water area near Uttwil, archaeologists found around 170 piles of stones, created by people and probably from the Neolithic or Bronze Age. These "little hills" are still a mystery and are even sometimes referred to as "Stonehenge by Lake Constance". The palace of the Bishops of Konstanz in Gottlieben became a prison for Jan Hus during the Council meeting. In Ermatingen, the richly decorated Hotel Adler is of note and was stayed in by the writer Alexandre Dumas Senior and other famous French guests. This is connected to the neighbouring Schloss Arenenberg, with its unique view, which Hortense de Beauharnais, stepdaughter of Napoleon I, selected as her place of exile in 1816. She resided here, together with her son, Prince Louis, the later and last Emperor of France, Napoleon III. His wife, Eugénie de Montijo, gave the palace to the canton of Thurgau in 1906, which has maintained the Napoleon Museum to this day, along with the landscape gardens with grottoes, water games, pavilions and a hermitage. Now, we move into the area of the Untersee, with the half-timbered buildings called "Riegelhäuser" and a wealth of historic buildings in the former fishing villages: Mannenbach with Schloss Louisenberg and the pilgrimage chapel of St. Aloysius, Berlingen with its skyline protected as a national cultural treasure. In Steckborn, the Turmhof, which is its prominent landmark, was built in 1128. The little castle, with its pointed towers was the seat of the Abbot of Reichenau Monastery on the southern shore and is now a fascinating museum. Passing by Schloss Glarisegg, built in 1774/1775 and now a seminary building, we reach Mammern with the Schloss am See, now a private clinic with a wonderful park. The strategic significance of the Untersee is demonstrated by castles such as Neuburg, Lichtenfels and Freudenfels. It is worth making a detour to the idyllic hinterlands of Appenzell with its cheesemakers, meadows and alps and the massive Säntis, which rises above them all. Also close to the lake is Winterthur, which has a protected old city and an impressive range of museums: Photographic museum, Technorama, the famous collection of Oskar Reinhart or the Museum of Art – to name just a few.

Page 227
The centre of St. Gallen is dominated by the UNESCO World Heritage Site of the mighty Benedictine abbey, founded in the 8th century, with the Late-Baroque collegiate church of St Gallus and Otmar, and the famous college library.

Page 228
Beyond the monastery district, St. Gallen, set against the backdrop of the Alps, can offer further attractions in its fine old city and the green environs.

Page 229
The St. Gallen viaducts, taking railways and motor vehicles across the valley, are an expression of the high art of Swiss engineering.

Page 234
Romanshorn has the largest harbour area on Lake Constance and has rail connections and a station. The ferry line, operated jointly by Germany and Switzerland, connects Romanshorn and Friedrichshafen at the widest point of the lake.

Page 235
The Kreuzlingen Vein Clinic, which specialises in arterial diseases, with the Villa Parkhaus. Close by is the former psychiatric institution, the Sanatorium Bellevue, which also treated renowned patients such as the actor Gustav Gründgens.

Page 236
In front of the Fischerhaus Kreuzlingen camp site, colourful boats bob in the blue water as if they had been painted there.

Page 237
Yachts and boats nestle safely in Kreuzlingen Harbour.

Page 238
Schloss Arenenberg became a temporary place of exile for Hortense de Beuharnais and her son Louis, who later became Napoleon III, Emperor of France.

Page 239
Berlingen on the southern shore of the Untersee with its Neo-Gothic church and the protected "Riegelhäuser", as half-timbered buildings are called here.

Page 240
A wealth of feelings when seeing the countryside: The hinterlands of Appenzell with the farms and dairies scattered through green meadows.

Page 241
"O du mein ernst gewalt'ger Greis, / Mein Säntis mit der Locke weiß! / In Felsenblöcke eingemauert, / Von Schneegestöber überschauert ..." (Oh my truly mighty old man / My Säntis with the white tresses! Immured in blocks of stone / Showered by snow...) is how Annette von Droste-Hülshoff wrote of the highest mountain in the Alps of Eastern Switzerland, 2502 metres high and surrounded in myths and legends.

Der Rhein

Die Rheinmündung im Delta bei Bregenz, wo sich am Ende der Vorstreckungsdämme schon mal Sandbänke bilden.

Der Rhein

Am Untersee, wo wir uns gerade befinden, tritt der Rhein im Hochrhein wieder zutage. Eigentlich könnte der Bodensee auch Rheinsee heißen, denn der Fluss durchströmt als gleichsam internationales Gewässer das jeweilige Hoheitsgebiet der Anrainerstaaten. Auch wenn die Hoheitsrechte zwischen ihnen nicht klar geregelt und bis heute rechtlich kontrovers sind, funktioniert die grenzübergreifende Zusammenarbeit in der Praxis problemlos. Und weil alle drei Staaten das Schengener Abkommen unterzeichnet haben, stellt sich die Souveränitätsfrage letztlich nicht. Zur Hochwasserregulierung wurde der einst wilde Geselle mit Durchstichen bei Diepoldsau und Fußach ins Bett gezähmt und in den Alten Rhein und den Rheintaler Binnenkanal geteilt. Der Alte Rhein mündet auf Schweizer Seite zwischen Altenrhein und Rheinspitz in den See, der Rheinkanal bei Fußach in Österreich. Die Naturschutzgebiete mit Riedflächen und Rheindelta zwischen Dornbirn und St. Margarethen sind als Feuchtbiotope Lebens- und Rückzugsraum für Tiere und Pflanzen sowie wichtige Zwischenstation für Zugvögel. Wo der Bodensee am Untersee wieder in den Fluss und den Kanton Schaffhausen übergeht, liegen die drei kleinen Werd-Inseln. Nur die Klosterinsel Werd ist bewohnt. Zu erreichen ist diese über einen Steg bei Eschenz. Flussabwärts folgt Stein am Rhein mit dem Kloster St. Georgen am Rheinufer und der 1225 erbauten Burg Hohenklingen. Das Kleinstädtchen mit seiner geschlossenen Altstadt, den pittoresken Gassen, den Wehr- und Tortürmen ist ein kostbares Kleinod. Um den Rathausplatz stehen mit Erkern und Fassadenmalereien faszinierend verzierte Bürgerhäuser wie Weißer Adler und Roter Ochsen aus dem 16./17. Jahrhundert. Das Rathaus birgt eine Sammlung mit Glasmalereien, das Museum Lindwurm zeigt sehr anschaulich die bürgerliche Wohnkultur und Landwirtschaft im 19. Jahrhundert. Den Hochrhein abwärts geht es vorbei an Gailingen und Diessenhofen, die mit einer überdachten historischen Holzbrücke verbunden sind. In Gailingen sollte man die um 1100 erbaute Nikolauskapelle besichtigen, Friedhof und Museum erinnern an die einst große jüdische Gemeinde. In der ehemaligen Reichsstadt Diessenhofen sind noch Teile der mittelalterlichen Stadtumwehrung wie der Siegelturm erhalten. Zu empfehlen ist die Besichtigung der um 1200 errichteten Kirche St. Dionysius und des im 13. Jahrhundert entstandenen Dominikanerklosters St. Katharinental. Nicht entgehen lassen sollte man sich auch eine Fahrt mit dem Ausflugsschiff auf dem Hochrhein, bei der man noch die Ursprünglichkeit des Flusses erleben kann. Eine Besonderheit stellt die Gemeinde Büsingen dar: Die einzige deutsche Exklave auf Schweizer Hoheitsgebiet gehört zum eidgenössischen Zollbereich und nicht zur EU, andererseits gilt deutsches Einkommenssteuerrecht. Es gibt eine deutsche Postagentur, aber wiederum besteht Schweizer Polizeipräsenz, Zahlungsmittel sind sowohl

Franken als auch Euro. Büsinger Autos haben das Kennzeichen BÜS, obwohl die Gemeinde zum Landkreis Konstanz mit dem Nummernschild KN gehört. Wie dem auch sei, die Büsinger sind gut damit gefahren. Und Besucher der Kammermusiktage in der romanischen Bergkirche St. Michael scheren sich sowieso nicht um Grenzen, denn Musik verbindet ja bekanntermaßen. Nun ist es nur noch ein Katzensprung nach Schaffhausen, mit 35 000 Einwohnern Kantonshauptstadt. Sehenswert sind hier natürlich die Festung Munot aus dem 16. Jahrhundert, die Altstadt mit romanischem Münster samt Turm und Kreuzgang, Fronwagplatz, Herrenacker mit Kornhaus, fresken- und erkergeschmückte Häuser und Türme. Aber der eigentlichen Sache kommen wir schon näher in der Rhybadi, der wunderschönen Rheinbadeanstalt in Form eines gegen den Strom schwimmenden Schiffes. Denn jetzt sind es nur noch wenige Kilometer flussabwärts zum Rheinfall bei Neuhausen. Dort stürzen unterhalb von Schloss Laufen die Wassermassen auf einer Breite von 150 Metern über zwei Felsen 23 Meter in die Tiefe. Oben hat man vom Känzeli einen eindrucksvollen Blick auf die tosende Flut, drunten kann man sich mit dem Boot durch die schäumende Gischt an die Landestelle schippern lassen. Das gewaltige Naturschauspiel beschrieb schon Eduard Mörike in seinem Gedicht „Am Rheinfall“: „Halte dein Herz, o Wanderer, fest in gewaltigen Händen! / Mir entstürzte vor Lust zitternd das meinige fast. / Rastlos donnernde Massen auf donnernde Massen geworfen, / Ohr und Auge wohin retten sie sich im Tumult?“

Wo der Bodensee am Untersee wieder in den Rhein übergeht, liegt vor den Werd-Inseln das malerische Stein am Rhein mit seiner geschlossenen Altstadt und der über den Fluss führenden Brücke.

Eine 87 Meter lange überdachte Holzbrücke verbindet als Grenzübergang das schweizerische Diessenhofen mit seiner evangelischen Stadtkirche St. Dionysius und das deutsche Gailingen am gegenüberliegenden Ufer.

Das zum Landkreis Konstanz gehörende Büsingen am Hochrhein ist eine deutsche Exklave am rechten Rheinufer, umgeben von Schweizer Territorium der Kantone Zürich und Thurgau.

Tosende Gischt am Rheinfall: Von Schloss Laufen aus lässt sich der 23 Meter tief stürzende Fluss beschaulich betrachten, drunten kann man sich durchs aufgewühlte Wasser an die felsige Landestelle schippern lassen.

Mit Mut in die tosende Flut: Ein vom Wasserschleier umfangenes Besucherboot nähert sich der Landestelle am Rheinfall.

Zwei parallel verlaufende Bauwerke überspannen bei Hemishofen in der Schweiz den Rhein, die Straßenbrücke von 1980 auf 345 Metern Länge mit zwei Fahrspuren, Geh- und Radweg, daneben die eingleisige Eisenbahnbrücke von 1875 auf 254 Metern Länge.

Schloss Randegg bei Gottmadingen fußt auf einer frühen Burg vermutlich aus dem 12. Jahrhundert, hier wohnte der Maler Otto Dix 1933–1936, nach dem Krieg entwarf er Glasgemälde für die Schlosskapelle.

The Rhine

All shades of blue: The Rhine Delta with the lagoon and guidance channels

Where Lake Constance transitions back into the Rhine in the Untersee, we find picturesque Stein am Rhein by the Werd Islands. Stein has an enclosed old town and a bridge leading over the river.

The Rhine

It is at the Untersee, where we are currently located, that the Rhine reappears in the form of the Upper Rhine. To be honest, Lake Constance could be called the Rhine Lake, because the river flows through the international waters and through the different territories of the neighbouring countries. Even if the supremacy rights between them are not clearly delineated and remain controversial even now, in practice, the international cooperation works flawlessly. As all three states have signed the Schengen Agreement, the question of sovereignty is actually irrelevant. To regulate flooding, the formerly wild torrent has been tamed with cuts in the bed at Diepoldsau and Fussach and divided into the Old Rhine and the Rhine Valley Canal. The Old Rhine joins the lake on the Swiss side between Altenrhein and Rheinspitz, whilst the Rhine Canal ends at Fussach in Austria. As wetland biotopes, the nature reserves with marsh areas and the Rhine Delta between Dornbirn and St. Margarethen offer living space and a place to retreat for animals and plants, as well as an important stopover for migrating birds. The three small Werd Islands are located at the point at which the Untersee of Lake Constance returns to being a river and enters the canton of Schaffhausen. On the monastery island of Werd is inhabited. It can be reached by a bridge near Eschenz. Downriver is Stein am Rhein with the Kloster St. Georgen (Monastery of St George) on the banks of the river and Hohenklingen Castle, built in 1225. The small town, with its enclosed old core, the picturesque lanes, the fortified towers and gatehouses, is a perfect treasure. Around Rathausplatz, there are fascinatingly decorated patrician houses with alcoves and painted facades, such as the Weisser Adler and Roter Ochsen from the 16th/17th century. The town hall is home to a collection of painted glass, the Museum Lindwurm offers an interesting and engaging look at citizens' lifestyles and agriculture in the 19th century. Following the Upper Rhine downstream, we pass Gailingen and Diessenhofen, which are connected by a historic covered wooden bridge. In Gailingen, you should visit the Nikolaus-kapelle (St Nicholas' Chapel), built around 1100 and the cemetery and museum provide a reminder of the once large Jewish community. The former Free Imperial City of Diessenhofen still offers parts of the medieval town fortifications, such as the Siegelturm. It is worth visiting the St. Dionysus-Kirche (Church of St Dionysus), built around 1200, and the 13th century Dominican monastery of St. Katherinental. You mustn't miss out on a trip with an excursion boat on the Upper Rhine, during which you can experience the primitiveness of the river. The parish of Büsingen is an anomaly: The only German exclave in Swiss territory is part of the Swiss customs' area and not the EU, although German income tax law does apply. There is a German post office, but a Swiss police force and both Swiss Francs and Euros are accepted as currency. Cars from Büsingen have the BÜS numberplate, although the parish belongs to the Konstanz district, which has the numberplate KN. Whatever the case, the people of Büsingen are happy with the situation. Visitors to the Kammermusiktage (Chamber Music Festival) in the Romanesque hillside church of St Michael do not care about borders anyway,

An 87 metre-long covered wooden bridge serves as the border crossing between Diessenhofen in Switzerland, with its Protestant church of St Dionysus, and Gailingen in Germany on the opposite bank.

as music links us all. Now, it is only a short hop to Schaffhausen, cantonal capital of 35,000 people. Here, key sights include the Festung Munot (Munot Citadel) from the 16th century, the old town with its Romanesque minster, tower and cloisters, Fronwagplatz, Herrenacker with the Kornhaus, as well as houses and towers decorated with frescoes and alcoves. However, we come closer to the heart of the matter in the Rhybadi, the wonderful Rhine bathing complex in the form a boat set against the current. After all, just a few kilometres downstream are the Rhine Falls at Neuhausen. There, below Schloss Laufen, the waters fall 23 metres over two rocks, across a width of 150 metres. From the “Känzeli”, one has an impressive view of the maelstrom and it is possible to be transported by boat through the foaming currents to a landing stage. Eduard Mörike described the impressive force of nature in his poem “Am Rheinfall”: “Halte dein Herz, o Wanderer, fest in gewaltigen Händen! / Mir entstürzte vor Lust zitternd das meinige fast. / Rastlos donnernde Massen auf donnernde Massen geworfen, / Ohr und Auge wohin retten sie sich im Tumult?” (Oh wanderer, keep hold of your heart in sturdy hands! / I almost lost mine through delight. / Ever thundering masses thrown on thundering masses, / How can ears and eyes save themselves in the tumult?)

Page 263
Büsingen am Hochrhein, which belongs to the District of Konstanz, is a German exclave on the right bank of the Rhine, surrounded by the Swiss territories of the Zürich and Thurgau cantons.

Page 264
A sea of spray at the Rhine Falls: From Schloss Laufen, one has a superb view of the river dropping 23 metres. Below here, it is possible to take a boat through the maelstrom of water to a rocky landing stage.

Page 265
Bravely travelling under the raging water: A boat of visitors surrounded by a mist of water approaches the landing stage by the Rhine Falls.

Page 266
Near Hemishofen in Switzerland, two parallel structures cross the Rhine: The 345 metre-long road bridge from 1980 with two carriageways, pavement and cycle path, and the 254 metre-long, single track railway bridge from 1875.

Page 267
Schloss Randegg near Gottmadingen is based on an early castle, probably from the 12th century. The painter Otto Dix lived here between 1933 and 1936. After World War II, he designed glass paintings for the castle chapel.

Die Höri

Alljährlich am Montag nach dem dritten Julisonntag erfüllen die Bewohner von Moos ein Gelübde und machen sich mit Booten auf zur Wasserprozession nach Radolfzell, um die dortigen Stadtpatrone anzubeten.

Die Höri

Der Name der Halbinsel rührt wohl daher, dass die Höri einst dem Bistum Konstanz gehörendes Gebiet war. Eine Anekdote besagt indes, Gott habe bei Erschaffung der Welt erschöpft auf alemannisch gesagt: „Jetzt hör i uff" – wohl auch, weil ihm eh nichts Besseres mehr gelingen konnte. Denn das 45 Quadratkilometer große Fleckchen Erde, das den Untersee vom Zeller See trennt, ist von besonderer Anmut und Harmonie. Auf dem Rücken der Höri erstreckt sich der bewaldete rund 700 Meter hohe Schiener Berg mit der schlichten Wallfahrtskirche St. Genesius in Schienen und zahlreichen aussichtsreichen Wanderwegen. Am Fuß des Bergs fand Johann Jakob Scheuchzer 1726 das versteinerte Skelett eines 14 Millionen Jahre alten Riesensalamanders, den der Schweizer Naturforscher irrtümlich als einen in der Sintflut ertrunkenen armen Sünder beschrieb. Von oben schweift der Blick nach Westen zum Schloss Randegg bei Gottmadingen, und bei Wanderungen kann man sich schon mal auf Schweizer Territorium verlaufen. Zum See hin liegen beschauliche Erholungsorte mit Streuobstwiesen und Badestränden: Öhningen mit seinem 965 erwähnten Chorherrenstift St. Hippolyt und Verena. Die Synagoge der großen jüdischen Gemeinde in Wangen zerstörten SS-Horden aus Radolfzell in der Pogromnacht 1938, geblieben ist der jüdische Friedhof. In Kattenhorn sind die nach Entwürfen von Otto Dix gefertigten Glasfenster der Petruskirche zu besichtigen. In Horn kann man von der wuchtigen, inmitten des Friedhofs gelegenen Kirche St. Johann und vom nahen Wasserturm prächtige Ausblicke auf See und Alpen genießen. Auf dem Friedhof ist der Schriftsteller Hans Leip begraben, der in den Nachkriegsjahren am Bodensee lebte. Sein Gedicht „Lili Marleen" wurde in der Vertonung von Norbert Schultze als Soldatenlied weltberühmt. Im kleinen Iznang kam der später auch in Meersburg wirkende, für seine Lehre vom Magnetismus umstrittene Arzt Franz Anton Mesmer zur Welt. In Moos machen sich die Einwohner alljährlich am Montag nach dem dritten Julisonntag mit Booten zur Wasserprozession auf nach Radolfzell zu ihren „Hausherren", den heiligen Stadtpatronen Theopont, Senesius und Zeno. Sie erfüllen damit ein Gelübde von 1797, als Moos von einer Viehseuche verschont blieb. Zentrale Touristenattraktionen auf der Höri sind Gaienhofen und Hemmenhofen. Der für seinen beißend-sozialkritischen Realismus berühmte Maler Otto Dix zog 1936, nachdem ihn die Nazis als „entarteten Künstler" und Professor in Dresden vertrieben hatten, mit seiner Familie nach Hemmenhofen. Bis zu seinem Tod 1969 lebte er an diesem Ort, sein Stil der Neuen Sachlichkeit wurde hier altersmilder, stärker orientiert an biblischen Motiven und der

Landschaft am See. Das Dixsche Haus mit seinen schönen Gartenterrassen ist heute Museum, in dem sich Lebensgeschichte und Alltag der Familie plastisch nachvollziehen lassen. Im Keller wurden 2012 bei Sanierungsarbeiten Wandmalereien entdeckt, die Dix für ein Faschingsfest 1966 malte: Hexen und Fabelwesen, Karikaturen von Freunden und Prominenten. Zwei Gebäude bewohnte Hermann Hesse in Gaienhofen, wo er 1904–1912 lebte. Zunächst kamen der Dichter und seine Frau, die Fotografin Maria Bernoulli, in einem einfachen Bauernhaus unter. Heute ist es Teil des vorbildlich gestalteten Museums, in dem auch Hesses imposanter Schreibtisch steht. 1907 ließ er sich vom Architekten Hans Hindermann ein Landhaus mit Garten zur Selbstversorgung bauen; es ist heute in Privatbesitz und bei Führungen zugänglich. Fotos seiner Frau zeigen den lebensreformerisch gesinnten Hesse mit Sohn Bruno bei der Arbeit im Garten, dessen Stufen der Vater mit Büchern, die er rezensieren sollte, trittsicher unterlegte. Sein Paradies am Bodensee hatte er geradezu künstlerisch komponiert: „In den Blumenrabatten verteilen wir voraussehend die Farben und Formen, häufen Blau und Weiß, schmettern ein lachendes Rot dazwischen." Hemmenhofen war Vorspiel für Hesses prächtigen Garten in Montagnola, Heimat, in der er „für Augenblicke die Harmonie der Welt in Gräsern singen" hörte.

Öhningen mit seinem bereits 965 erwähnten Chorherrenstift, heute Stiftskirche St. Hippolyt und Verena, war einst ein geistliches Zentrum am Untersee. An die von den Nazis vernichtete jüdische Gemeinde erinnert deren Friedhof im Ortsteil Wangen.

Gaienhofen mit der Schiffsanlegestelle, über der sich ums Schloss ein Schulcampus erhebt.

Von der hohen Warte der Kirche St. Johann und St. Veit in Horn geht der herrliche Blick zum Untersee. Auf dem Friedhof ist Hans Leip begraben, von dem das als Lied weltberühmt gewordene Gedicht „Lili Marleen“ stammt.

Energiewende am sonnenverwöhnten See: Im Unterschied zu vielen monotonen Solarfeldern sind diese Module bei Moos optisch abwechslungsreich gestaltet – aber natürlich wollen die Betreiber keinen Kunstpreis erringen, sondern damit „Moos verdienen".

Bundesweit beziehen Lebensmittelhändler Obst und Gemüse vom Bodensee, hier eine ausgedehnte Plantage auf der Höri.

The Höri

The Schiener Berg range offers a wealth of hiking trails, along with an impressive view of the Untersee, Zellersee and Gnadensee with Reichenau Island and beyond to the Swiss bank.

Öhningen, with its canonry, documented in 965 and now the collegiate church of St Hippolytus and Verena, was once a spiritual centre by the Untersee.
The cemetery in Wangen reminds of the Jewish community that was wiped out by the Nazis.

The Höri

The name of the peninsula comes from the fact that the Höri used to belong to the Bishopric of Konstanz. An anecdote says that, on creating the world, God said in Alemannic dialect: "Jetzt hör i uff" (I'm going to stop now) – probably because he could not achieve anything better. This part of the world, with an area of 45 square kilometres and separating the Untersee from the Zeller See, is particularly graceful and harmonious. On the spine of the Höri, we can find the wooded Schiener Berg, with an altitude of around 700 metres. It is home to the modest pilgrimage chapel of St Genesius and offers countless hiking trails with fine views. At the foot of the hill, Johann Jakob Scheuchzer found the fossilised skeleton of a 14 million year-old giant salamander in 1726. The Swiss naturalist incorrectly identified it as a poor sinner who had drowned in the flood. From the top, the view swings westward to Schloss Randegg near Gottmadingen and hikes can take one into Swiss territory. Towards the lake are placid resorts with orchards and bathing beaches: Öhningen with its canonry of St Hippolytus and Verena, mentioned in 965. The synagogue of the large Jewish community in Wangen was destroyed by SS hordes from Radolfzell in the pogrom of 1938. Luckily, the Jewish cemetery has survived. In Kattenhorn, it's worth visiting the Petruskirche (St Peter's Church) to see the stained glass windows, created according to the designs of Otto Dix. In Horn, it is possible to get fine views of the lake and the Alps from the Kirche St. Johann (Church of St John) in the centre of the cemetery and from the nearby water tower. The writer Hans Leip, who lived by Lake Constance in the post-war years, is buried in the cemetery. Norbert Schultze's intonation of his poem "Lili Marleen" became world-renowned as a military song. Little Iznang was the birthplace of the doctor Franz Anton Mesmer, who later worked in Meersburg and caused controversy through his teachings in magnetism. In Moos, each year, on the Monday after the third Sunday in July, the inhabitants get into boats for a water procession to Radolfzell, to their "land-lords", the patron saints of the town, Theopontus, Senesius and Zeno. They thus fulfil an oath of 1797, when Moos was spared from a cattle plague. The central tourist attractions on the Höri are Gaienhofen and Hemmenhofen. The painter Otto Dix, known for his cutting, socially critical realism, moved with his family to Hemmenhofen in 1936, after the Nazis ran him out of his professorship in Dresden as a "degenerate artist". He lived here until his death in 1969. His style of New Objectivity became milder here as he grew older and was orientated more towards biblical motifs and the landscape of the lake. The Dix House, with its beautiful garden terraces, is now a museum, in which his life story and everyday family life become tangible. During renovation work in the cellar in 2012, wall paintings were found that Dix painted for a carnival festival in 1966: Witches and fabulous creatures, caricatures of friends and famous people. Hermann Hesse lived in two different buildings in Gaienhofen between 1904 and 1912. Firstly, the author and his wife, the photographer Maria Bernoulli, lived in a simple farmhouse. It is now a part of the excellent museum, in which one can also see Hesse's impressive desk. In 1907, he had the architect Hans Hindermann built him a country house with a garden to be self-sufficient. It is now privately owned and accessible in tours. Photographs taken by his wife show the reformist Hesse with his son Bruno working in the garden, whose steps the father shored up securely with books he was supposed to review. He composed the paradise by Lake Constance in an almost artistic manner: "In the herbaceous borders, we are distributing the colours and shapes in a foresighted manner, heap together blue and white, chucking a laughing red in between." Hemmenhofen was the prelude to Hesse's fine garden in Montangola, a home in which he sometimes heard "the harmony of the world singing in the grasses".

Page 284
Gaienhofen with the landing stage, above which an educational campus stretches around the castle.

Page 285
From the high tower of the Church of St John and St Vitus in Horn, one gets a fine view to the Untersee. Hans Leip is buried in the cemetery – the sung version of his poem "Lili Marleen" became world famous.

Page 286
Changes in energy by the sun-drenched lake: In contrast to many monotonous fields of solar panels, these modules near Moos have been given a range of appearances – but, of course, the operators do not want to win an art prize, but rather to "serve Moos".

Page 287
Grocers from across Germany purchase fruit and vegetables from the Lake Constance area – here, we can see an extensive garden on the Höri.

Arbeit und Freizeit
Wirtschaft und Kultur

Fahren auf und über dem See: Der Zeppelin ist ein Sinnbild des Bodensees und der hier beheimateten Luftfahrt

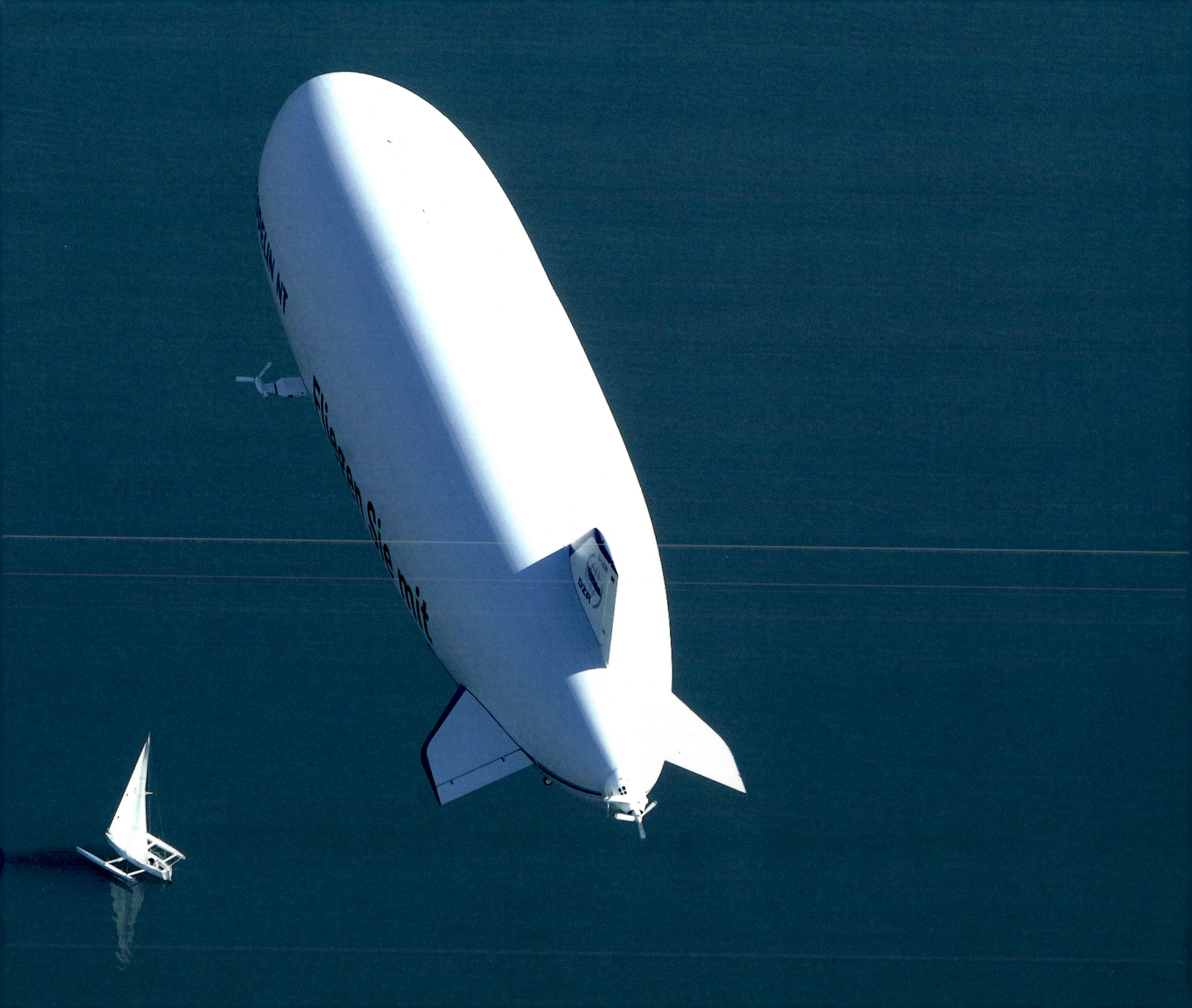
Fliegen Sie mit

Hightech und Bildungsexzellenz

Das Bodenseegebiet ist ein florierender Wirtschaftsraum, zu dessen Erfolg auch der hohe Freizeitwert für die Beschäftigten beiträgt. Hier agieren mittelständische Betriebe neben Hightech-Weltmarktführern. Zu nennen sind auf deutscher Seite Airbus/Defence and Space mit Verteidigungs- und Raumfahrtkomponenten, ZF mit Antriebs- und Fahrwerkstechnik sowie Sicherheitstechnologie, MTU/Rolls Royce Power Systems mit Dieselmotoren und Energiesystemen. In der Medienlandschaft konkurrieren mit dem Südkurier und der Schwäbischen Zeitung zwei Zeitungshäuser. Auf österreichischer und Schweizer Seite seien Blum Beschläge Höchst, Arbonia Gebäudezulieferer Arbon, Zur Rose Group Arzneimitteldistribution Steckborn, IWC International Watch Uhrenmanufaktur Schaffhausen erwähnt. Eine starke Wirtschaft braucht eine starke Bildungslandschaft mit Schulen, Hochschulen für Angewandte Wissenschaften, Universitäten. In Salem hat das Eliteinternat seinen Sitz. Die 1966 als Reformuniversität gegründete Uni Konstanz ist erfolgreich in Rankings und Exzellenzinitiativen, die private Zeppelin Universität Friedrichshafen für Politik und Verwaltung, Wirtschaftswissenschaften, Kommunikation und Kultur hat sich seit 2003 etabliert. Und ein Leuchtturm ist natürlich die Universität St. Gallen, Hochschule für Wirtschafts-, Rechts- und Sozialwissenschaften sowie Internationale Beziehungen mit der größten wirtschaftswissenschaftlichen Fakultät im deutschsprachigen Raum. Sie gilt als internationale Kaderschmiede für Banker und Manager.

Die Friedrichshafener Konzernzentrale ZF Forum, in der Verwaltung, Tagungsräume und Museum untergebracht sind, symbolisiert mit ihrer Architektur den Wandel der alten Zahnradfabrik zum modernen Unternehmen für Antriebs- und Fahrwerktechnik.

Der St. Gallener Rosenberg ist ein Bildungsgipfel: Hier liegt der Campus der Universität Hochschule St. Gallen (HSG), die bei Rankings regelmäßig Spitzenplätze belegt, und auch das benachbarte Institut auf dem Rosenberg genießt als private Internatsschule internationales Renommee.

Die Reformuniversität Konstanz sollte modellhaft wissenschaftliche Disziplinen vernetzen, das lässt sich auch an der architektonischen Struktur kurzer Wege ablesen. Heute zählt sie zur Elite der Exzellenzhochschulen in Deutschland.

Höri-Bülle und Felchenfilet

Ertragreiche Landwirtschaft und gesicherte Versorgung für Tausende von Teilnehmern war mit ausschlaggebend für Konstanz als Konzilsort. Heute beliefert die Bodenseeregion mit ihren Obstplantagen und Gemüseländereien bundesweit Lebensmittelhändler und Märkte. Immer mehr Freunde findet zum Beispiel die Höri-Bülle genannte, zarte Zwiebel. Das besondere Terroir am See nutzten schon die Reichenauer Mönche für den Weinbau. Heute finden Gewächse aus den Kellern des Markgrafen von Baden, des Winzervereins Meersburg, der Weingüter Aufricht/Stetten, Kress/Überlingen, Möth/Bregenz oder Arenenberg/Salenstein weiträumig Abnehmer. Duftiger Müller-Thurgau (dessen Züchter Hermann Müller aus Tägerwilen im Kanton Thurgau stammte) und schmelziger Spätburgunder gedeihen in Baden und Württemberg (das bayerische Nonnenhorn gehört weinrechtlich zum Anbaugebiet Württembergischer Bodensee) ebenso wie im Bergland/Vorarlberg und Thurgau/Ostschweiz. Dazu tragen günstiges Klima und ertragreiche Böden bei. Einen erlebnisreichen Einblick in Geschichte und Gegenwart des Weinbaus gibt das moderne Museum vineum bodensee im ehemaligen Heilig-Geist-Spital Meersburg. Während der Weinbau gedeiht, kriselt die Berufsfischerei. Immer weniger Felchen oder Barsche, die hier Kretzer oder Egli heißen, gehen in die Netze. Paradoxerweise haben die Fische zu wenig Nährstoffe, weil die Wasserqualität immer besser geworden ist. Die Fischbrutanstalt in Nonnenhorn sorgt für Nachwuchs, die Fischereiforschungsstelle in Langenargen befasst sich mit den Lebensbedingungen für die Fischfauna. Und um Wasserqualität und Abwasserreinigung kümmert sich die Internationale Gewässerschutzkommission für den Bodensee. Immer wichtiger wird der Bio-Anbau, und ebenso wichtig ist die Balance zwischen Landwirtschaft und Landschaft, Natur und Umweltschutz. Allein auf deutscher Seite sind 33 Naturschutzgebiete, 27 Landschaftsschutzgebiete, 11 Flora-Fauna-Habitate, drei Vogelschutzgebiete, ein Bannwald, zwei Schonwälder sowie 175 Naturdenkmale und 4 500 Biotope ausgewiesen. Wie die kleinteilige, ökologisch höchst sensible Umwelt am See bewahrt werden kann, darüber informiert zum Beispiel das Naturschutzzentrum Eriskirch.

Die herbstlich-bunte Grafik der Rebzeilen: Schon im Mittelalter bauten Mönche Seewein an, heute sind duftige Müller-Thurgau oder schmelzige Spätburgunder weit über die Region hinaus geschätzte Tropfen.

Er hofft auf guten Felchenfang: Fischwirtschaftsmeister Stefan Keller aus Mittelzell auf der Reichenau ist einer der noch rund 150 Berufsfischer am gesamten Bodensee (16 davon auf der Reichenau) und hat das Gewerbe in der fünften Generation vom Vater übernommen.

Für Leib und Seele

Der Bodensee ist neben Schwarzwald und Schwäbischer Alb die beliebteste Ferienregion Baden-Württembergs, auch Vorarlberg genießt unter deutschen Touristen höchste Wertschätzung. Unterkünfte finden Urlauber in allen Preisklassen vom Campingplatz bis zum Grandhotel, auch die Gastronomie deckt die ganze Genussskala ab. Der See ist zudem heilsam für alle Sinne durch Angebote in Wellness, Fitness und gesundheitliche Rehabilitation: Kureinrichtungen wie in Radolfzell und Allensbach, Thermen wie in Überlingen und Meersburg fördern das leibliche Wohlbefinden. Und Spezialkliniken bieten Bewegungs- und Psychotherapie, neurologische, gefäß- oder schönheitschirurgische Behandlungen an, ebenso Fasten- und Trinkkuren zur körperlichen und geistigen Regeneration. Im Frühjahr und Sommer sind unterschiedlichste Freizeitaktivitäten möglich: Baden und Schwimmen, wenn am 1. Mai die Strandbadsaison beginnt, Tauchen, Radfahren und Inlinern auf dem Bodensee-Radweg und auf zahlreichen anderen Radwegen, die auch ins reizvolle Hinterland führen, wandern auf dem Bodensee-Rundwanderweg und auf den Premiumrouten Bodensee LandGänge. Wer es sportlich exklusiver mag, kann auf nahezu 30 schön gelegenen Golfplätzen spielen. Auf Schloss Langenstein gibt es einen modernen Golf- und Countryclub, daneben zeigt ein Fasnachtsmuseum traditionelles Brauchtum. Im Herbst und Winter kommt der Tourismus allmählich zur Ruhe, kommen die stillen Seiten des Sees zur Geltung. Hopfen, Wein und Äpfel haben Erntezeit, Urlauber und Einheimische können zahlreiche kulinarische Themenwochen und Feste genießen.

Eine von vielen Sportmöglichkeiten am See: Einlochen mit Panoramablick auf dem Golfplatz Owingen-Überlingen.

Ufernah zelten kann man auf dem Campingplatz Seeperle in Uhldingen-Mühlhofen, wo im Weiler Seefelden die bereits im 12. Jahrhundert erwähnte Kirche St. Martin steht.

Die Bodensee Therme in Überlingen bietet Badespaß und Wellness mit Rutschen, Kaskaden, Sauna, Dampfbad, Pools und Liegewiese mit Seezugang.

Hermann-Albrecht-Klinik auf der Mettnau.

Mit dem Klimawandel nimmt der Hagel zu: Zum Schutz werden Obstplantagen wie auf diesem Bauernhof bei Friedrichshafen mit Netzen überzogen.

Zu Wasser und zu Lande

Natürlich dreht sich am See nahezu alles um die Schifffahrt. Aber auch an Land existiert ein gutes Verkehrssystem: Die etwas spöttisch besungene Schwäb'sche Eisenbahn hat auf deutscher Seite ihr Streckennetz mit der Südbahn und Bodenseegürtelbahn ausgeweitet. Der Seehas, der die scherzhafte Eigenbezeichnung der Bodenseebewohner trägt, verkehrt wie eine S-Bahn zwischen Engen und Konstanz. Busse sollen ebenso wie Umgehungsstraßen die Anwohner vom starken Durchgangsverkehr entlasten. Von Friedrichshafen aus kann man mit dem Zeppelin zu Rundflügen in die Luft gehen, und der Airport Friedrichshafen verbindet den Bodensee mit dem In- und Ausland. Jetzt fahr'n wir aber über den See: Schon im 14. Jahrhundert waren die Lastensegler Lädine mit Wolle, Getreide oder Schmuggelgut unterwegs; in Immenstaad kann man auf einem Nachbau in den See stechen. Der geschäftstüchtige Verleger Johann Friedrich Cotta kurbelte die Dampfschifffahrt an, 1824 nahm das erste, auf den württembergischen König getaufte Boot „Wilhelm" den Linienverkehr auf. In Konstanz fuhren Rheindampfer mit umklappbaren Kaminen unter Brücken hindurch, mit der 1913 erbauten „Hohentwiel“ ist noch immer ein Schaufelraddampfer unterwegs, Trajektfähren transportierten bis 1976 Bahnwaggons übers Wasser. Diese facettenreiche Geschichte der Bodensee-Schifffahrt zeigt das Seemuseum in Kreuzlingen. Die Weiße Flotte des Bodensees hat Heimathäfen in Konstanz, Friedrichshafen, Radolfzell, Uhldingen, Lindau und Romanshorn. Neben den Motorfähren Konstanz-Meersburg, Romanshorn-Friedrichshafen verbinden Katamarane Konstanz und Friedrichshafen. Hinzukommen weitere Kurs- und Ausflugsschiffe, alle sind grenzübergreifend zusammengeschlossen in den Vereinigten Schifffahrtsunternehmen für den Bodensee und Rhein (VSU) und bilden die größte Binnenflotte Europas. Der Bodensee mit seinen zahlreichen Jachthäfen und Werften ist natürlich auch ein ideales Segelrevier. Hier haben nicht nur Privatleute Boote liegen, es werden auch Regatten wie die RUND UM oder das fünftägige Match Race ausgetragen. Ganz ungefährlich ist das Gewässer jedoch nicht, bei Stürmen muss die Seenotrettung schon mal Segler, Surfer oder Stand-Up-Paddler aus dem Wasser ziehen.

Der 1913 vom Stapel gelaufene, vom Jugendstil inspirierte Schaufelraddampfer „Hohentwiel" ist das einzige Dampfschiff und zugleich das älteste Passagierschiff auf dem See.

Ganzjährig verkehren Autofähren, die auch Fußgänger und Radler transportieren, auf den Strecken Konstanz – Meersburg und Friedrichshafen – Romanshorn.

Eine der modernen Autofähren, die gemessen am Landweg erhebliche Zeiteinsparung bringen.

Schnelle Katamarane verbinden in 52 Minuten Fahrzeit Friedrichshafen mit Konstanz und transportieren jährlich fast eine halbe Million Menschen.

Ein Ausflugsdampfer auf dem sich kräuselnden Wasser mit Heckwellen im Schlepptau.

Von Sonnenlichtreflexen überglänzt zischt eine Motorjacht durchs Wasser.

Der größte Binnensee am nördlichen Alpenrand ist ein weitläufiges Segelrevier, mit seinen guten Winden geeignet für Profis, durch die Ufernähe ideal für Anfänger, zudem reichhaltig ausgestattet mit Häfen, Werften sowie Segelschulen fürs Bodenseeschifferpatent.

Wenn die Winde wehen und sich drehen, vergrößert der Spinnaker die Segelfläche und beschleunigt das Boot.

Up and away vom Flughafen Friedrichshafen, wo jährlich über eine halbe Million Passagiere abgefertigt werden.

Zeppeline der NT-Baureihe werden für Touristenflüge, Forschungs- und Überwachungszwecke eingesetzt.

Literarisches Heimatlob

Bücher wurden am See schon in den Klöstern gesammelt, hier waren auch frühe Schreiber und Schriftsteller zu Hause. Der Mystiker Heinrich von Seuses verfasste Anfang des 14. Jahrhunderts in Konstanz sein „Büchlein der ewigen Weisheit", Lieder von Minnesängern wie Hugo von Montfort oder Burkart von Hohenfels leben in Handschriften fort. Friedrich Hölderlin schrieb 1801 in seiner Zeit als Hauslehrer in Hauptwil Oden, Elegien, Gesänge und pries die „große Natur dieser Gegenden". 1827 gab Gustav Schwab eine landeskundlich präzise Beschreibung vom „Bodensee nebst dem Rheintale" heraus, der Titel seines Gedichts „Der Reiter und der Bodensee" ist sprichwörtlich geworden. Annette von Droste-Hülshoff wohnte von 1841 an im Meersburger Schloss, später schrieb sie im Fürstenhäusle mit Blick auf ihren geliebten Säntis. Das literarische Spektrum des 20. Jahrhunderts reicht von Jacob Picard, dem aus Wangen am See stammenden Dichter des alemannischen Landjudentums, bis zum deutschnationalen Autor Ernst Jünger, der zeitweilig in Überlingen lebte. Der Dramatiker Carl Sternheim hielt sich in Uttwil auf, sein Kollege Friedrich Wolf in Höllsteig, Alfred Döblins Exiljahre begannen mit der Flucht an den See. Und die Höri wurde mit Hermann Hesse zur kleinen Dichterkolonie. Den See haben viele Literaten verewigt, am schönsten vielleicht Martin Walser mit seinem Bändchen „Heimatlob". Der Übervater und „Patron" aus Nußdorf förderte und prägte Autorinnen und Autoren wie Maria Beig, Maria Müller-Gögler, Oswald Burger und Peter Renz. Mit dem Bodenseeliteraturpreis vergibt die Stadt Überlingen alle zwei Jahre eine über die Region hinaus strahlende Auszeichnung.

Oberhalb von Meersburg steht in den Weinbergen das Fürstenhäusle, das Annette von Droste-Hülshoff 1843 erwarb, und das nun als Museum Möbel, Bücher, Handschriften und Bilder der Dichterin zeigt.

Nachdem Hermann Hesse mit seiner Familie in Gaienhofen zunächst in einem einfachen Bauernhaus gewohnt hatte, ließ er sich 1907 ein Landhaus mit Garten zur Selbstversorgung bauen, das heute in Privatbesitz und bei Führungen bisweilen zugänglich ist.

Das Areal des Hesse-Museums in Gaienhofen besteht aus zwei, an der Mauritiuskapelle gelegenen Gebäuden: Im Haupthaus (links), einem ehemaligen Bauern-, später Schul- und Rathaus, wird die Kunst- und Literaturlandschaft der Höri gezeigt. Im gegenüberliegenden Hesse-Haus, der ersten Wohnstätte des Dichters auf der Halbinsel, ist unter anderem sein eindrucksvoller Schreibtisch zu sehen.

Refugium der Künstler

Otto Dix zog sich vor den Pressionen der Nazis nach Hemmenhofen zurück, andere Künstler quartierten sich am See ein, um notfalls in die Schweiz flüchten zu können. Max Ackermann, ein Wegbereiter der Abstraktion, kam 1936 nach Hornstaad. In Hemmenhofen fand der Expressionist Erich Heckel ein Refugium, er starb 1970 in Radolfzell. Ebenfalls in Hemmenhofen wohnte Walter Kaesbach, von den Nazis entlassener Direktor der Kunstakademie Düsseldorf, der später in Überlingen an seine Zeit als Mentor moderner Kunst anknüpfte. Auch nach dem Krieg ließen sich Maler und Grafiker von der besonderen Stimmung, den Reflexen des Sees, den Farben der Landschaft, dem weiten Panorama inspirieren. Wie André Ficus, der mit seinen lichten Aquarellen vom See alles andere als ein Heimatmaler war. Eine Doppelbegabung ist der bekannte Dichter und naive Maler Bruno Epple. Wiederentdeckt werden kann Hans Fähnle mit seiner expressiven bis abstrakten Malweise. Seinen Nachlass präsentiert die Galerie Fähnle, ein avantgardistischer Kunstkubus bei Überlingen. Allgegenwärtig ist der „Schlingel vom Bodensee“ (Süddeutsche Zeitung) mit Atelier in Bodman: Der Bildhauer Peter Lenk sorgt mit seinen überall am See präsenten Skulpturen immer wieder für Aufsehen. Die Städtische Galerie in Überlingen, das Stadtmuseum und das Kunstmuseum am Inselbahnhof in Lindau zeigen vielbeachtete Sonderausstellungen mit international bekannten Künstlerinnen und Künstlern. Im Kunsthaus Bregenz ist die zeitgenössische und internationale Szene von Joseph Beuys bis Roy Lichtenstein, von Rosemarie Trockel bis Cy Twombly präsent. Und dem neusachlichen Maler Adolf Dietrich, einem Hauptvertreter der Naiven Malerei, ist in seinem Haus in Berlingen/Thurgau ein Museum gewidmet.

Otto Dix zog sich in der NS-Zeit nach Hemmenhofen auf die Halbinsel Höri zurück, wo er 1936–1969 ein stattliches Haus mit terrassiertem Garten bewohnte, das heute als Museum Leben und Werk des Malers veranschaulicht.

Ein weißer Kubus für die Kunst: Die Galerie Fähnle in Überlingen bewahrt und präsentiert den Nachlass des expressiv-realistischen Malers Hans Fähnle und seines Bruders, des Bildhauers Ernst Fähnle. Das Kulturdenkmal bietet zu Ausstellungen auch ein vielfältiges Kulturprogramm.

Das 2013 eröffnete Würth Haus in Rorschach mit Kunstmuseum und Skulpturengarten.

Work and Leisure
Business and Culture

Whilst working on his catch, professional fisherman Stefan Keller makes his mark on the clear waters of the lake.

60

Through its architecture, the Friedrichshafen headquarters of the ZF Forum, housing the administration, conference rooms and a museum, symbolises the change from an old cog factory to a modern company for drive and chassis technology.

Hi-Tech and Educational Excellence

The Lake Constance region is a flourishing economic area, whose success also comes from the high leisure value for employees. Here, medium-sized companies work alongside leading hi-tech companies on the global market. Noteworthy on the German side are Airbus/Defence and Space producing defence and space travel components, ZF with drive and chassis technology as well as security technology and MTU/Rolls-Royce Power Systems with their diesel engines and energy systems. In the world of media, the Südkurier and Schwäbische Zeitung compete for newspaper buyers. On the Austrian and Swiss sides, it is worth mentioning Blum Beschläge Höchst, Arbonia Gebäudezulieferer Arbon, Zur Rose Group Arzneimitteldistribution Steckborn, and IWC International Watch Uhrenmanufaktur Schaffhausen. A strong economy needs a strong educational landscape with schools, colleges for applied sciences and universities. Salem is the home of the elite boarding school, the University of Konstanz, founded in 1966 as a reform university, is successful in lists of rankings and excellence initiatives and the private Zeppelin University in Friedrichshafen for Politics, Administration, Economics, Communication and Culture established itself since its foundation in 2003. A beacon is of course the University of St. Gallen, School of Management, Economics, Laws, Social Sciences and International Affairs, with the largest faculty of economics in the German-speaking area. It is considered as an elite international school for bankers and managers.

Höri-Bülle and Whitefish Fillet

Flourishing agriculture and guaranteed supplies for thousands of participants was one of the key reasons that Konstanz was chosen as the location for the Council. Today, the fruit orchards and vegetable gardens of the Lake Constance region supply grocers and markets throughout Germany. For example, ever more people are discovering the Höri-Bülle, a delicate variety of onion. Even the monks of Reichenau used the special terroir by the lake for viticulture. Today, wines of the cellars of the Margrave of Baden, the Winzerverein Meersburg, the vineyards Aufricht/Stetten, Kress/Überlingen, Möth/Bregenz or Arenenberg/Salenstein have renown far and wide. Fragrant Müller-Thurgau (whose hybridiser Hermann Müller came from Tägerwilen in the canton of Thurgau) and luscious Pinot Noir grow in both Baden and Württemberg (in viticulture terms, Nonnenhorn in Bavaria belongs to the Württembergischer Bodensee growing area), as well as in the Bergland area of Vorarlberg and Thurgau in Eastern Switzerland. They are helped by the fine climate and fertile soils. The modern museum, vineum bodensee, in the former Heilig-Geist-Spital in Meersburg offers a fascinating insight into the past and present of viticulture. Whilst winegrowing is flourishing, fishing is suffering. Fewer and fewer whitefish and perch, called Kretzer and Egli here, are being caught. Paradoxically, the fish have insufficient nutrients because the water quality has continually improved. The fish breeding centre in Nonnenhorn is aiding restocking, whilst the fishing research office in

The colourful autumn appearance of vines: Even in the Middle Ages, monks grew lakeside wine. Today, the fragrant Müller-Thurgau and luscious Pinot Noir grapes produce wines valued well beyond the region.

Langenargen deals with the living conditions of the fish fauna. The Internationale Gewässerschutzkommission (International Water Protection Commission) deals with water quality and wastewater treatment in Lake Constance.

Organic farming is becoming ever more important and of equal importance is the balance between agriculture and the landscape, nature and environmental protection. On the German side alone, there are 33 nature reserves, 27 protected landscapes, 11 flora and fauna habitats, three bird reserves, a protected forest, a managed forest, as well as 175 natural monuments and 4,500 biotopes. The Eriskirch Nature Protection Centre provides information on the maintenance of the compartmentalised, highly ecologically-sensitive environment by the lake.

For the Body and the Soul

Besides the Black Forest and Swabian Jura, Lake Constance is the most popular holiday region in Baden-Württemberg and the Vorarlberg in Austria is also highly esteemed by German tourists. Holidaymakers can find accommodation in all price classes, from campsites to grand hotels, whilst restaurants also cover the entire range. The lake is also beneficial to all the senses thanks to offers for wellness, fitness and health rehabilitation: Spa facilities, such as those in Radolfzell and Allensbach, and thermal baths in Überlingen and Meersburg promote physical well-being. There are also special clinics offering movement and psychotherapy, neurological, vascular and cosmetic surgery, as well as fasting and water cures for physical and mental regeneration. All kinds of leisure activities are possible during the spring and summer months: Bathing and swimming when the beach season begins on 1st May, cyclists and rollerbladers can travel along the Lake Constance Cycle Path and countless other cycle routes which also run into the charming surrounding area, hiking on the Lake Constance Circular Hiking Trail and on the Bodensee LandGänge premium routes. Anyone wanting something more exclusive should try their hand at one of the almost 30 attractively situated golf courses. There is a modern golf and country club at Schloss Langenstein, whilst there is a carnival museum alongside, presenting traditional customs. In the autumn and winter, tourism slows down and the quiet sides of the lake become apparent. Hops, wine and apples are harvested, holidaymakers and locals can enjoy numerous culinary events and festivals.

One of many sporting opportunities on/by the lake: Holing out with a panoramic view on the Owingen-Überlingen golf course.

The Art Deco-inspired paddle steamer "Hohentwiel", launched in 1913, is the only steamer on the lake and also its oldest passenger ship.

On Water and On Land

Of course, by the lake, almost everything is about shipping. But there is also a good transport system on land: On the German side, the somewhat sarcastically viewed Swabian Railway has its network in the form of the Südbahn and Bodenseegürtelbahn. The Seehas, given the playful name by locals travels between Engen and Konstanz like a suburban railway. Buses and by-passes are intended to give residents a break from the heavy through traffic. From Friedrichshafen, it is possible to go up into the air in a Zeppelin and enjoy a round trip, whilst Friedrichshafen Airport connects Lake Constance to both Germany and other countries.

But now, let's travel over the lake: Even in the 14th century, the Lädine cargo ships travelled with wool, grain or contraband. It is possible to travel on the lake in a reconstruction of the ship in Immenstaad. The entrepreneurial publisher Johann Friedrich Cotta encouraged steam shipping and, in 1824, the first ship, christened "Wilhelm" after the King of Württemberg, began regular traffic. In

Konstanz, Rhine steamers with folding chimneys passed under bridges. One paddle steamer, the "Hohentwiel", built in 1913, is still in service. In addition, ferries carried train carriages across the water until 1976. This multi-faceted history of Lake Constance shipping can be investigated further in the Lake Museum in Kreuzlingen. The Weisse Flotte of the lake has its homes in Konstanz, Friedrichshafen, Radolfzell, Uhldingen, Lindau and Romanshorn. Besides the car ferries Konstanz-Meersburg and Romanshorn-Friedrichshafen, catamarans connect Konstanz and Friedrichshafen. Add to this further regular ferries and excursion boats, all internationally joined together in the "Vereinigte Schifffahrts-unternehmen für den Bodensee und Rhein (VSU)", forming the largest inland fleet in Europe. Of course, with its countless yachting harbours, Lake Constance is also an ideal place for sailing. Here, not only private individuals have boats, but there are also regattas, such as RUND UM or the five-day Match Race. However, the waters are not always safe. During storms, the lifeboat service comes to the aid of sailors, surfers or stand-up paddlers.

In the vineyards above Meersburg is the Fürstenhäusle, which Annette von Droste-Hülshoff purchased in 1843, and which now functions as a museum and presents the furniture, books, manuscripts and pictures of the poetess.

Literary Praise of the Homeland

Books were collected in the monasteries by the lake and early scribes and writers had their homes here. The mystic Heinrich von Seuses published his “Büchlein der ewigen Weisheit” (Pamphlet on Eternal Knowledge) in Konstanz at the start of the 14th century and works by the poets of the Minnesang period, such as Hugo von Montfort or Burkart von Hohenfels, live on in manuscripts. In 1801, during his time as a teacher in Hauptwil, Friedrich Hölderlin wrote odes, elegies and songs and praised “the fine nature of these areas”. In 1827, Gustav Schwab published a precise geographic description of “Lake Constance next to the Rhine Valley” and the title of his poem “Der Reiter und der Bodensee” (The Rider and Lake Constance) has taken on legendary status. Annette von Droste-Hülshoff first lived in Meersburg Schloss in 1841. From 1843 onwards, she worked in the Fürstenhäusle, with the view of her beloved Säntis. The literary spectrum of the 20th century ranges from Jacob Picard, the poet of the rural Alemannic Jewry from Wangen am See, through to the German national author Ernst Jünger, who lived for some time in Überlingen. The dramatist Carl Sternheim stayed in Uttwil, his colleague Friedrich Wolf in Höllsteig and Alfred Döblin’s years of exile began by escaping to the lake. With Hermann Hesse, the Höri become a small colony of poets and writers. Many literati have immortalised the lake, with maybe the most beautiful being Martin Walser’s book “Heimatlob” (Praise of the Homeland). The father figure from Nussdorf promoted and marked authors such as Maria Beig, Maria Müller-Gögler, Oswald Burger and Peter Renz. Every two years, the town of Überlingen awards the Bodenseeliteraturpreis (Lake Constance Literature Prize), an award whose fame extends well beyond the region.

Refuge of Artists

Otto Dix fled the terrors of the Nazis and moved to Hemmenhofen, whilst other artists settled by the lake, in order to escape to Switzerland should the need arise. Max Ackermann, a forerunner of abstraction, moved to Hornstaad in 1936. The Expressionist Erich Heckel found a refuge in Hemmenhofen and died in Radolfzell in 1970. Another resident of Hemmenhofen was Walter Kaesbach, the director of the Düsseldorf Academy of Arts, who was fired by the Nazis. He later became a mentor of modern art in Überlingen. Even after the war, painters and graphic artists drew inspiration from the special atmosphere, the reflections of the lake, the colours of the landscape and the wide panorama. One example is André Ficus, who, with his light watercolours of the lake, was anything but a traditional painter of rural scenes. The original poet and naive painter Bruno Epple had a dual talent. The expressive to abstract styles of Hans Fähnle can also be rediscovered. His workshop, which he had built as an avant-garde artistic cube in Überlingen, is worth a visit. The "Schlingel vom Bodensee" (Rogue of Lake Constance) (Süddeutsche Zeitung) is omnipresent and has his workshop in Bodman. Time and again, the sculptor Peter Lenk comes into the spotlight through his sculptures dotted all around the lake. The Städtische Galerie (Town Gallery) in Überlingen, the town museum and art museum at the Inselbahnhof in Lindau present highly respected special exhibitions of internationally known artists. The Kunsthaus Bregenz presents the contemporary and international scene, from Joseph Beuys to Roy Lichtenstein, from Rosemarie Trockel to Cy Twombly. There is a museum to the New Objectivity painter Adolf Dietrich in his house in Berlingen in the Thurgau.

During the Nazi era, Otto Dix retreated to Hemmenhofen on the Höri peninsula, where he lived in a fine house with terraced garden between 1936 and 1969. Today, the house is a museum to the life and works of the painter.

Page 302
The Rosenberg in St. Gallen is a summit of education: It is the site of the campus of the University of St. Gallen (HSG), which regularly takes top slots in any ranking lists. The neighbouring Institut auf dem Rosenberg also enjoys an international reputation as a private boarding school.

Page 303
The Reform University in Konstanz should network scientific disciplines, which can also be seen in the architectural structure of the short routes. Today, it is considered one of the best universities in Germany.

Page 307
He's hoping for a good catch of whitefish: Stefan Keller, master fisher from Mittelzell on Reichenau, is one of the remaining roughly 150 professional fishermen on the entirety of Lake Constance (16 of whom are on Reichenau) and has taken the business of his father into the fifth generation.

Page 310
Close to the shore, it is possible to camp on the Seeperle camp site in Uhldingen-Mühlhofen. The hamlet of Seefelden is home to St Martin's Church, mentioned in the 12th century.

Page 311
The Bodensee Therme in Überlingen offers swimming and wellness with slides, cascades, sauna, steam room, pools and sunbathing lawn with lake access.

Page 312
Hermann-Albrecht-Klinik on the Mettnau peninsula.

Page 313
Climate change has seen an increase in hail: As protection, the fruit orchards are covered with nets, as can be seen at this farm near Friedrichshafen.

Page 317
All year round, ferries take cars, pedestrians and cyclists between Konstanz and Meersburg, Friedrichshafen and Romanshorn.

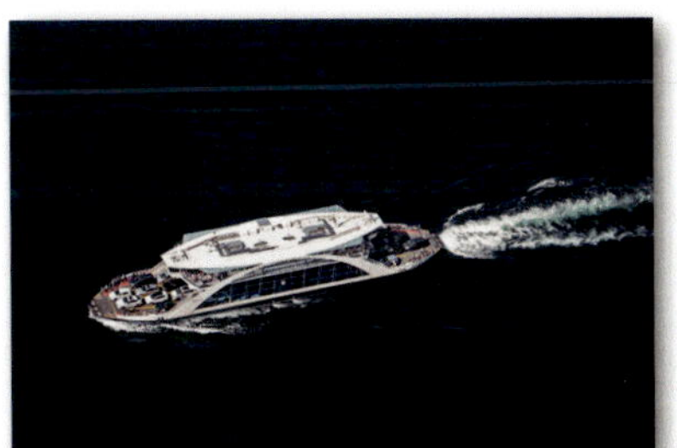

Page 318
One of the modern car ferries, which offer considerable time savings compared with the land route.

Page 319
In just 52 minutes, rapid catamarans link Friedrichshafen and Konstanz and transport around half a million people each year.

Page 320
An excursion steamer in the rippling waters of a wake.

Page 321
A motor yacht cuts through the waters, lit by sunlight reflections.

Page 322
The largest inland lake on the northern edge of the Alps is an expansive sailing paradise, its good winds suitable for professionals and its close shores suitable for beginners. In addition, it is richly equipped with harbours, boatyards and sailing schools for a license to sail on Lake Constance.

Page 323
When the winds and blow and turn, the spinnaker increases the sail's area and causes the boat to accelerate.

Page 324
Up, up and away from Friedrichshafen Airport, which handles over half a million passengers each year.

Page 325
NT series Zeppelins are used for tourist flights and for research and monitoring.
156 Although the lake is usually placid, changes in the weather can come from out of nowhere: When storms and tornadoes occur, whipping up the waters into a dangerous frenzy, then the lifeboat springs into action.

Page 328
After Hermann Hesse first lived in a simple farmhouse with his family in Gaienhofen, he had a country house built in 1907 with a garden to help him be self-sufficient. Today, the house is privately owned and can be visited as part of a tour.

Page 329
The site of the Hesse Museum in Gaienhofen consists of two buildings, next to the Chapel of St Maurice. The main building (left), a former farmhouse and later a school house and centre of administration, presents the artistic and literary landscape of the Höri. The Hesse-Haus opposite, the first home of the author on the peninsula, contains an impressive desk, amongst other things.

Page 332
A white cube for art: The Galerie Fähnle in Überlingen curates and presents the estate of the expressionist-realist painter Hans Fähnle and his brother, the sculptor Ernst Fähnle. The cultural monument offers a wide-ranging cultural programme for exhibitions.

Page 333
The Würth Haus in Rorschach, opened in 2013, with an art museum and sculpture garden.

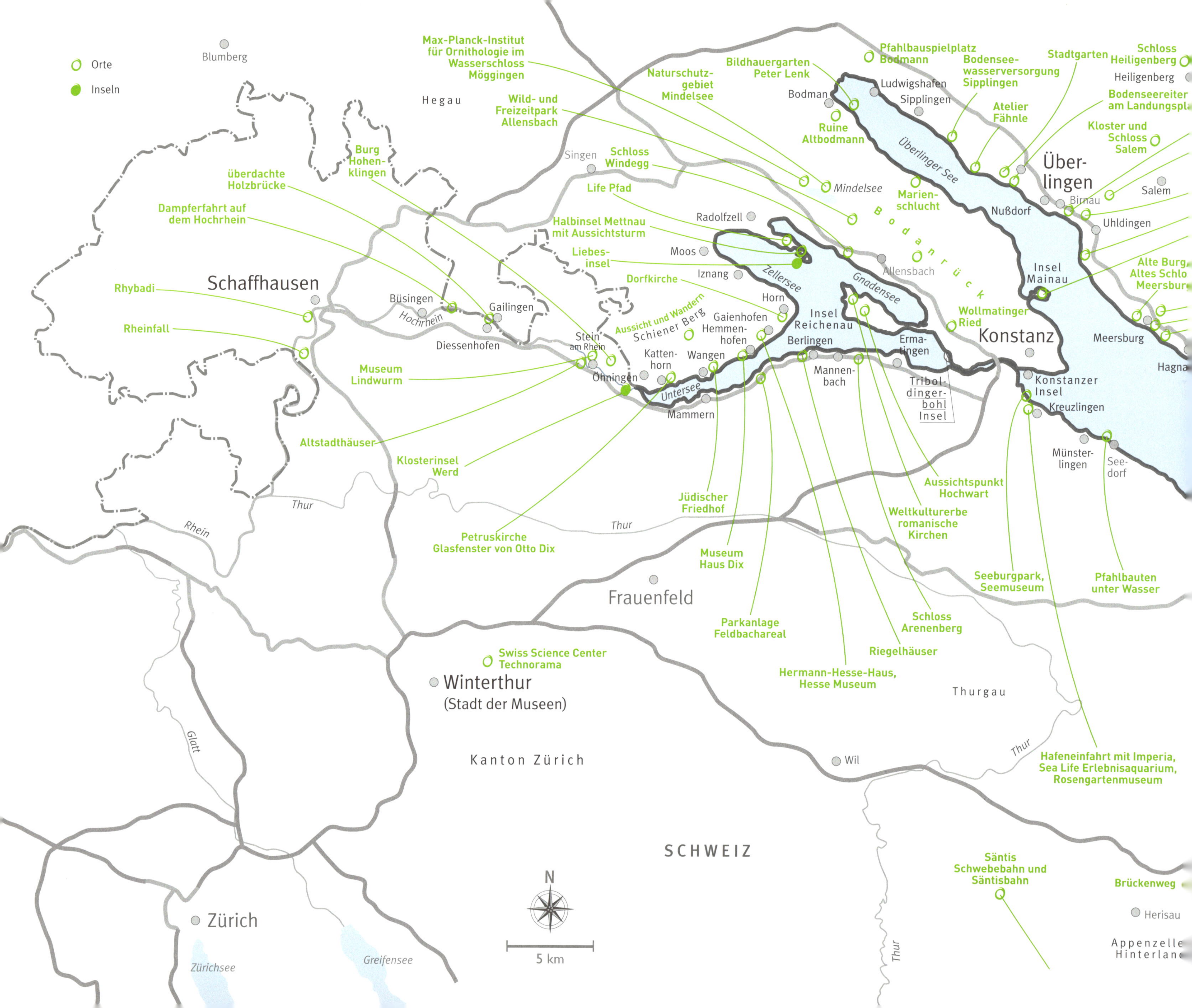

Orte
Inseln
Blumberg
Hegau
Max-Planck-Institut für Ornithologie im Wasserschloss Möggingen
Naturschutzgebiet Mindelsee
Bildhauergarten Peter Lenk
Pfahlbauspielplatz Bodmann
Bodensee-wasserversorgung Sipplingen
Stadtgarten
Schloss Heiligenberg
Heiligenberg
Bodenseereiter am Landungspla
Ludwigshafen
Bodman
Sipplingen
Ruine Altbodmann
Atelier Fähnle
Kloster und Schloss Salem
Wild- und Freizeitpark Allensbach
Burg Hohenklingen
Singen
Schloss Windegg
Überlinger See
Über-lingen
Salem
Mindelsee
Marienschlucht
Birnau
überdachte Holzbrücke
Life Pfad
Nußdorf
Uhldingen
Dampferfahrt auf dem Hochrhein
Radolfzell
Bodanrück
Halbinsel Mettnau mit Aussichtsturm
Moos
Liebesinsel
Allensbach
Insel Mainau
Alte Burg, Altes Schlo
Meersburg
Schaffhausen
Iznang
Zellersee
Gnadensee
Rhybadi
Dorfkirche
Horn
Büsingen
Gailingen
Hochrhein
Aussicht und Wandern
Schiener Berg
Gaienhofen
Insel Reichenau
Wollmatinger Ried
Konstanz
Meersburg
Rheinfall
Hemmenhofen
Ermatingen
Diessenhofen
Stein am Rhein
Berlingen
Hagna
Kattenhorn
Wangen
Museum Lindwurm
Öhningen
Mannenbach
Triboldingerbohl Insel
Konstanzer Insel
Untersee
Kreuzlingen
Mammern
Altstadthäuser
Klosterinsel Werd
Münsterlingen
Seedorf
Thur
Rhein
Aussichtspunkt Hochwart
Jüdischer Friedhof
Weltkulturerbe romanische Kirchen
Petruskirche Glasfenster von Otto Dix
Museum Haus Dix
Seeburgpark, Seemuseum
Pfahlbauten unter Wasser
Frauenfeld
Schloss Arenenberg
Parkanlage Feldbachareal
Riegelhäuser
Swiss Science Center Technorama
Hermann-Hesse-Haus, Hesse Museum
Winterthur (Stadt der Museen)
Thurgau
Glatt
Kanton Zürich
Wil
Hafeneinfahrt mit Imperia, Sea Life Erlebnisaquarium, Rosengartenmuseum
SCHWEIZ
N
Säntis Schwebebahn und Säntisbahn
Brückenweg
Zürich
Herisau
Appenzelle Hinterlan
5 km
Zürichsee
Greifensee

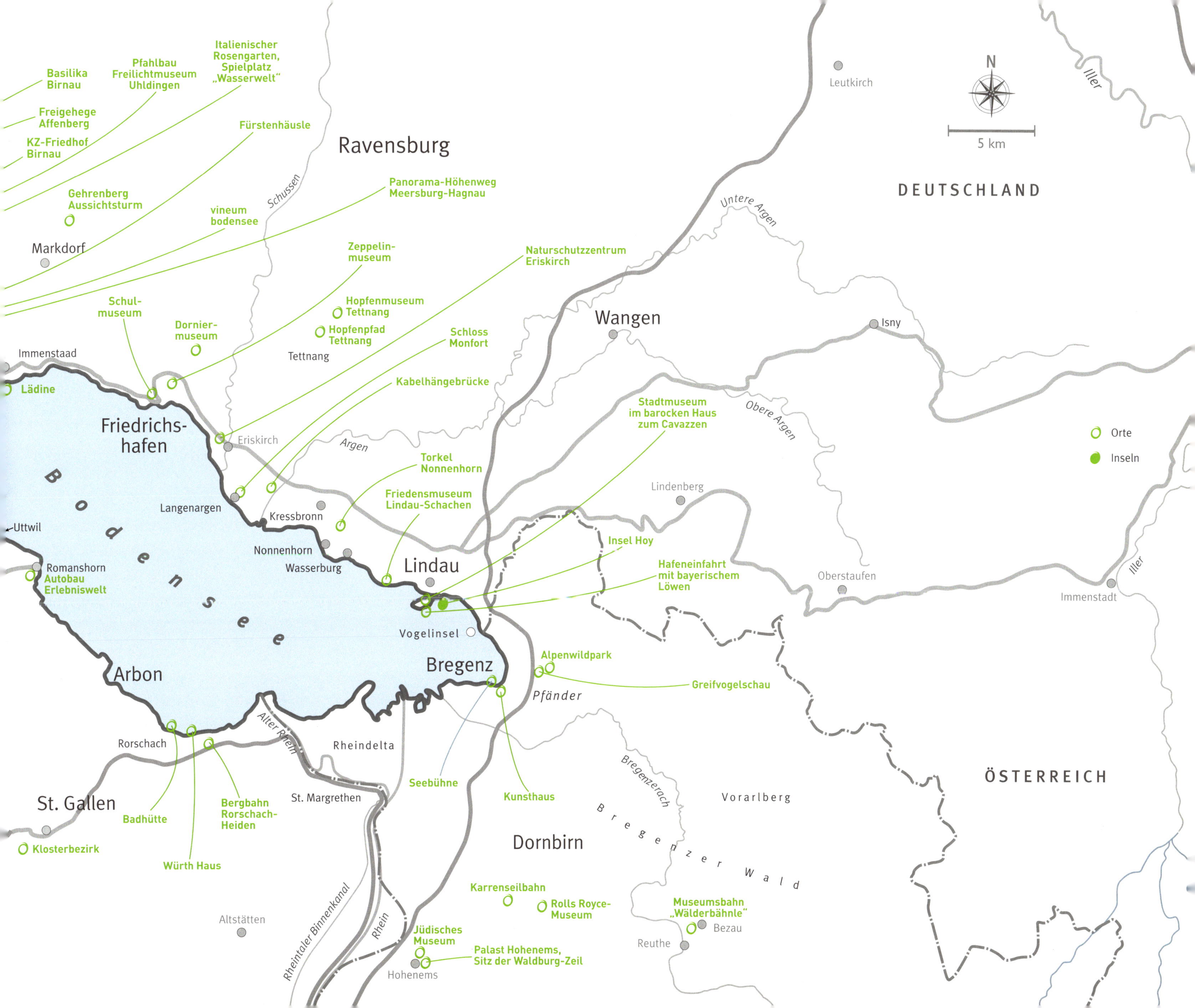

N
5 km
DEUTSCHLAND
ÖSTERREICH
Orte
Inseln
Ravensburg
Leutkirch
Iller
Schussen
Untere Argen
Obere Argen
Argen
Markdorf
Wangen
Isny
Immenstaad
Friedrichs-hafen
Eriskirch
Tettnang
Langenargen
Kressbronn
Nonnenhorn
Wasserburg
Lindau
Lindenberg
Oberstaufen
Immenstadt
Uttwil
Romanshorn
Bodensee
Vogelinsel
Bregenz
Arbon
Rorschach
St. Gallen
Rheindelta
Alter Rhein
St. Margrethen
Pfänder
Bregenzerach
Vorarlberg
Bregenzer Wald
Dornbirn
Altstätten
Rheintaler Binnenkanal
Rhein
Hohenems
Reuthe
Bezau
Basilika Birnau
Pfahlbau Freilichtmuseum Uhldingen
Italienischer Rosengarten, Spielplatz „Wasserwelt"
Freigehege Affenberg
KZ-Friedhof Birnau
Fürstenhäusle
Gehrenberg Aussichtsturm
Panorama-Höhenweg Meersburg-Hagnau
vineum bodensee
Zeppelin-museum
Naturschutzzentrum Eriskirch
Hopfenmuseum Tettnang
Hopfenpfad Tettnang
Schul-museum
Dornier-museum
Schloss Monfort
Kabelhängebrücke
Lädine
Stadtmuseum im barocken Haus zum Cavazzen
Torkel Nonnenhorn
Friedensmuseum Lindau-Schachen
Insel Hoy
Hafeneinfahrt mit bayerischem Löwen
Autobau Erlebniswelt
Alpenwildpark
Greifvogelschau
Seebühne
Kunsthaus
Badhütte
Bergbahn Rorschach-Heiden
Würth Haus
Klosterbezirk
Karrenseilbahn
Rolls Royce-Museum
Museumsbahn „Wälderbähnle"
Jüdisches Museum
Palast Hohenems, Sitz der Waldburg-Zeil

Ortsregister | Place index

Ortsregister | Place index

Stichwortregister

Manfred Grohe, geboren 1938, lebt in Kirchentellinsfurt. Er ist einer der renommiertesten Lichtbildner und Fotojournalisten Deutschlands. Sein Schaffen, das auch international Anerkennung findet, ist in zahlreichen Bildbänden dokumentiert. Man könnte ihn auch als „Mister Luftbild“ bezeichnen.

Dr. Wolfgang Alber, geboren 1948, lebt als Kulturwissenschaftler und Journalist in Reutlingen. Zahlreiche Veröffentlichungen zur Kulturgeschichte, Landeskunde und Landesliteratur sind Zeugnisse seiner enormen Kompetenz und seiner qualifizierten Arbeit.

Bodensee Radtouren - auch ins herrliche Hinterland

Mit dem Bodenseeradführer haben Sie immer alle wichtigen Infos für Ihre Bodensee-Radtour, auch mit dem E-Bike, parat. Neben präzisen Streckenbeschreibungen mit Kartenmaterial, Höhenprofil, Entfernungsangaben und Schwierigkeitsgrad, informiert die Autorin, selbst begeisterte Radlerin seit vielen Jahren, über kulturelle Sehenswürdigkeiten, Naturschutzgebiete, Badestellen, Rastplätze, Ausflugsziele und Einkehrmöglichkeiten. Alle Touren beginnen und enden an Bahnhöfen oder Schiffanlegestellen. Besonders interessant für Familien ist die Beschreibung von Bodensee-Radtouren mit Rad-Anhänger.

ISBN 978-3-88627-346-1

Kraftorte am Bodensee zwischen Lindau und Stockach

Unser Leben wird immer lauter und von einem rastlosen Zeitmaß bestimmt, das selten dem eigenen Rhythmus entspricht. Kostbare Augenblicke stellen sich aber meistens dann ein, wenn wir zur Ruhe kommen und mit Muße in der Gegenwart verweilen. Es sind sorgfältig ausgewählte Orte mit einer speziellen Aura, die sich ganz besonders zum Regenerieren eignen. Dieses Buch will als Wegweiser dazu beitragen, solche Kraftorte am Bodensee aufzuspüren.

Die Autorin, die seit 30 Jahren am Bodensee lebt, beschreibt Wege zu uralten Heiligtümern und geheimnisvollen Plätzen. Innere Stille und „Seelenheiterkeit“ stellen sich an diesen Kraftorten wie von selbst ein. Manchmal schon auf dem Weg dorthin.

ISBN 978-388627-453-6

Impressum

Bilder: Manfred Grohe

Postfach 1642 · 72706 Reutlingen

Kartografie: Anneli Nau
Englische Übersetzung: David Whitehead
Lektorat: Ulrike Weiler
Schlusskorrektorat: Sabine Tochtermann

Design und Layout: PMP Agentur für Kommunikation, Reutlingen
Satz und Umschlag: Longo AG, Bozen
Druck und Einband: Grafisches Centrum Cuno, Calbe

ISBN 978-3-96555-043-8

FSC
www.fsc.org
MIX
Papier aus verantwortungsvollen Quellen
FSC® C043106